大学教育学会　課題研究

「大学教育における質的研究の可能性」グループ　編著

山田嘉徳・上畠洋佑・森朋子・山咲博昭・

谷美奈・山路茜・西野毅朗・服部憲児

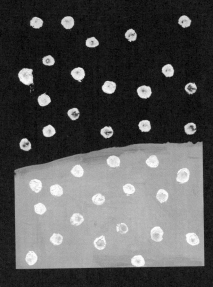

コロナ禍で学生はどう学んでいたのか

—— 質的研究によって明らかになった実態

は じ め に

　コロナ禍の影響を被った 2020 年春,全ての大学は授業や正課内外を含むキャンパスでの活動に抑制的にならざるを得ず,大学生はこれまでと異なった学生生活および学習経験を余儀なくされた。このようなコロナ禍において大学生はどのように学んでいたのだろうか。本書『コロナ禍で学生はどう学んでいたのか―質的研究によって明らかになった実態』は,一般社団法人大学教育学会に採択された課題研究「大学教育における質的研究の可能性」の研究プロジェクト活動として 2020 年秋に実施した「『コロナ禍における学生の学び』の質的調査」について,プロジェクトメンバーである 8 名の執筆者がそれぞれの視点から 20 名の学生のインタビュー調査結果を丁寧に分析し論じたものである。

　本書の特色の一つは,質的なアプローチを積極的に用いた研究者によるコロナ禍の学生の実態把握と学生の生の声を掬う調査報告であるという点である。そして専門的なバックグラウンドの異なる執筆者がそれぞれに工夫をこらし,それぞれに掲げた課題に対し,上述のテーマに接近した軌跡が描かれている。

　このような本書が想定する読者は,幅広い。大学関係者をはじめ,高校生とその保護者,中学校・高等学校教員,進学塾等教育産業に携わる者,大学生,教育に関心を寄せる社会人,政府・行政関係者の方に手に取って頂きたい。また,本書は質的調査・研究の実践的な報告書でもある点から,学士課程や大学院の授業の教材や若手研究者向けの著書として活用できると考える。さらには,未だ収束の見通しが立たない長期化するコロナ禍の最中,各大学における実践的な対応の指針として参考の資料となることも想定される。

　以上のように幅広い読者層や活用のあり方を想定した本書は,基本的にはどこから読んでも理解・活用できるような構成とし,編集方針としては,必要最低限の統一に留めることとした。例えば,インタビューの語りの扱いや発言者名が,全体で必ずしも統一されてはいない。一冊の著書の中で統制がとれていないのはいびつだという意見もあろうが,こうした一致をみないのは,その示し方それ自体に多様な認識が認められているためで(少なくとも各章では執筆者によるこれらの記述の視点や意図が述べられている),こうした記載の不統一は,ひとえに論考の独立性を優先した結果であり,ご理解頂けると幸いである。

編著者代表　山田嘉徳・上畠洋佑

目　次

第1章

本書のねらい
ーコロナ禍における大学生の学びプロジェクトの背景と趣旨ー

—————————————————————— 山田嘉徳

プロジェクトの背景

　本書は何を目指して書かれたものなのか。コロナ禍における大学生の学びの実態について質的研究の観点から明らかにすることを目的とする研究プロジェクトの背景と趣旨について論じることを通してこの問いに応えたい。先立って「質的研究の観点から明らかにする」ことがどのような営みをさすのか，なぜそのような研究を行ったのかについて説明が必要である。本書は基本的には各章が全体として独立した章として読める構成[1]としているが，本書全体で共有している主題と論点を，まずは以下で簡潔に整理する。

　まずプロジェクトの背景として，大学教育領域においても，コロナ禍における大学生の学びの実態に迫る調査的な試みというのは，大学生の学習の権利を保証し，キャンパスライフを支援することを第一に期す，という趣旨で，様々なところで速報性の強い実態把握の手立てとしてなされてきた。ただそこでは概して，方法としては，回答選択式アンケートによる量的な手法に基づく調査が先行し，その多くが緊急的な実態把握に終止してきた[2]。また，記述式を取り入れた質的な手法に則る調査ではあってもその把握のなされ方それ自体に目を向け，どうデータを得るか，それを通してどうリアリティをもった実態を描くのか，あるいはそもそもリアリティにどのように接近し得るのか，という議論にまでは十分に至っているとはいえないものも多かった[3]。例えば，大学生の学生生活を把握するとして，どのような視点からいかにそれをデータとしてくみ取り，社会に訴求し得る提言へとつなげるのか，広く大学構成員の学びと成長に寄与するはずの大学教育研究領域においても十分な議論はいまだみられない。他方，多様な悩みや問題を抱える大学生を対象とし，感染症対策を講じて調査を進めていく，ということについての，倫理的な配慮の仕方やその仕組

みに関する議論も不可欠であるが，これらの議論も緒についたばかりであるようにみえる。そのような背景には，実のところ大学教育研究領域では従来，量的データを用いた実証研究が増加はしてきたが，一方でこうした質的になされる研究についての研究手法や評価枠組みが十分確立していない，という問題が根深く関わっているのである。例えば質的研究というタームが一定の市民権を得るようになった今でも，ここ20年あまりの大学教育研究領域においての研究動向について，文献調査を通して確認したところ，質的研究手法のみを扱った論文数は全体の2割にも届かず，また質的な手法を用いていたとしても，過半数は素朴な記述的な研究に留まっているということが示されている（山田ほか，2021）[4]。これは国内の大学教育領域のみならず，海外でも同様なことがその背景も含めて指摘されているが（例えば，Daniel & Harland（2017）），ひとえに調査・分析によって得られた知見を大学教育現場に山積する課題解決にいかに実際的に活かすのか，ひいては大学生を中心とする大学構成員の学びと成長にどう研究知見を活かしていくのか，という問いについて，未だ萌芽的な段階に留まっている現状があるのである（森ほか，2020）。

プロジェクトが目指すもの

　こうした背景から，上述の大学教育領域における質的研究をめぐる問題意識を抱えた森・山田・上畠がコアメンバーとして集い，同様な関心や実績を持つ本書の執筆者に呼びかけをし，「大学教育における質的研究の可能性」を探るべく，一般社団法人大学教育学会課題研究に申請し，採択を受けたことでプロジェクトが立ち上げられた。プロジェクトの活動期間は，2020年4月から2023年3月までの3年間である。当初の計画としては，大学生の学修成果の可視化に焦点化した調査を予定していたが，プロジェクト内で議論を重ねた結果，倫理的な配慮を前提とした上で，コロナ禍における＜リアルな大学生の声＞を，オンラインインタビュー調査を通して掬いあげ，大学界だけでなく社会全体に届けるために動きだすことが重要だという考えに至った。そこで，プロジェクト活動の1つとして2020年10月末から11月初旬にかけて7大学20名の大学生を対象とした「『コロナ禍における学生の学び』の質的調査」（以下「コロナ質調査」）を実施した。本書の各章で論じられる質的研究成果はこの調査結果に基づいており，調査概要については第2章で述べることとする。

　なお質的研究のあり方として，研究知見の活用や社会実装といった視点が弱いという課題認識も従来示されてもきたことから（小田，2011），プロジェク

トから得られる知見というのは，こうした大学教育を中心とする領域での学術的な研究課題に対しても一定の貢献を果たせる可能性があると考えた。そして何より，インタビューを通しての＜リアルな大学生の声＞をきくためのより一層の丁寧な質的調査・分析のあり方をも提案し，質的研究が果たし得る新たな可能性について議論を重ね，広くその知見を公開することを目指した。よって本書の知見は，コロナ禍に固有のものであるというよりもむしろ，広く教育領域においての研究方法の議論に対しての，一定の貢献も果たせる可能性があるものと考えている。副題に「質的研究」なるタームが使用されたゆえんである。

　以上から各章では，コロナ質調査の内容とその成果を中心に紹介し，各執筆者が抱いた問いに基づき，大学教育における質的研究の可能性をまとめ，課題や限界も同時に確認していく（特に第12章）。コロナ禍における大学生の声を掬う本研究の意義が読者に伝わり，こうした取り組みに関心を持って頂き，また知見を活用して頂けるのならば幸いである。

注
1　各章における学生の語りの引用箇所については，可能な限り記載を統一するようにした。
2　この調査では，2020年4月，5月，7月にそれぞれWebアンケート方式で全国の大学生，大学院生を対象に，大学生協ホームページや生協利用者へ拡散を呼びかけて対象者を募集し，9086件の＜リアルな大学生の声＞を拾い上げ（全国大学生活協同組合連合会，2020），継続的な調査がなされている。なお任意の対象者から回答を得る調査であるので，データの解釈には注意を要するが，自由記述式の回

答も含め，大学生の肌感覚に近い「結果」を得て，具体的な「改善策」につなげようとしている点は特筆すべきだろう。大学生自らが調査票をつくり，データを収集・集計し，そこで得られた知見を踏まえて，このコロナ禍における大学生の生活支援をめぐる現状の課題や問題点を取り上げ，社会に訴求するかたちそのものは，質的になされた調査・分析の知見をどう社会実装へとつなげていくか，という点について考える上で私たちに示唆を与えてくれる。

3　もちろん現場に根ざした質的な把握の試みが，全くないわけではない。例えば「学生目線からなされた調査」の一つとして，次のような興味深い事例がある。それは，ある国立大学の 1 年生を対象とする授業「2020 年度学問への扉（エスノグラフィを書く）」の一環としてなされたもので，調査者当人が当該授業を受講した学生となっている。「コロナ禍での自粛期間中の生活について記述する」という課題を通して，大学生自らの手によって「いまここ」のきわめてリアルな生活誌がつづられている（宮前，2020）。一つひとつの行為の機微が当人の何気ないエピソードを通じてどれも鮮明に描かれているので，読者をコロナ禍での学びについての問題状況をめぐる思索へと誘っていく。特に，生活誌としてありありとした日常が記述されるので，文脈（コンテクスト）を削ぎ落とすことなく，当人を取り巻く状況をセットに具体的知見を提起していく質的研究の「強み」がよくわかるものとなっている。

4　2000 年以降の大学教育を取り扱う主要な学会誌に採択されたのべ 1,198 本の研究論文のうち，広く大学教育の改善に有益である新たな視点の提示や具体的な提言がみられた 552 本を絞り込み，研究デザインの判別を行った。その結果，大学教育を対象とした研究論文における研究デザインのタイプとその比率は量的研究論文が 61.7%，質的研究論文が 11.7%，質的研究手法と量的研究手法が併用された論文が 26.6% であった。ここから概ね，量的研究が先行しており，また年度別にみてもこの 20 年でもその推移は大きくは変わらないことを確認した。なお国内のみならず海外でも大学教育領域ではその傾向は同様で，いわゆる量的研究と質的研究の効果的な統合をねらい，実践の改善に寄与する混合研究も希少であるという報告もある（主要な高等教育研究雑誌である『Teaching in Higher Education』と『Studies in Higher Education』に 2010 年から 2013 年の間に掲載された 602 本の論文を対象に，研究方法の認識論に触れる記述が含まれているかどうかを調べた結果，12 本の論文にそれがみられたとしている）（Harland, 2014）。

文献

Daniel, B. K., & Harland, T. (2017). Higher education research methodology: A step-by-step guide to the research process. London: Routledge.

Harland, T. (2014). Learning about case study to research higher education. Higher Education Research and Development, 33 (6), 1113-1122.

宮前良平（2020）「文集『パンデミックを歩く』について」『宮前良平のページ』（https://r.binb.jp/epm/e1_158115_03092020105328/）（2021 年 9 月 17 日）

森朋子・山田嘉徳・上畠洋佑（2020）「質的研究を考える―学生，教員，職員の学びと成長を捉える学習研究の手法として―」『大学教育学会誌』41 (2)，57-61.

小田博志（2011）「解説」，フリック，U.『新版質的研究入門－〈人間の科学〉のための方法論－』小田博志・山本則子・春日　常・宮地尚子（訳）春秋社，603-617.

山田嘉徳・上畠洋佑・森朋子・山咲博昭・谷美奈・山路茜・西野毅朗・服部憲児（2021）「大学教育を対象とした質的研究の文献調査」『大学教育学会誌』43 (1)，49-53.

全国大学生活協同組合連合会（2020）「【7 月版】『緊急！大学生・院生向けアンケート』大学生集計結果速報」（https://www.univcoop.or.jp/covid19/recruitment_thr/pdf/link_pdf02.pdf）（2021 年 9 月 17 日）

第2章

「コロナ禍における学生の学び」
の質的調査の概要

—————————————————————————— 上畠洋佑

はじめに

　「コロナ禍における大学生の学び」プロジェクト（以下「本プロジェクト」）は，一般社団法人大学教育学会課題研究に申請した当初の計画から変更している。もともとは，「大学の何が学生自身の学びを深めたか」を大きな問いとした「質的研究を用いた大学生の学修成果の可視化」プロジェクトであった。この研究プロジェクトでは，インタビュー調査や行動観察等を用いて，各大学に個別事例として埋もれてしまっている大学教育の効果や，学生の学びに関する事実を明らかにすることを目的としていた。しかし，大学教育界全体の喫緊の課題として，2020年はじめから全世界で猛威をふるうコロナ禍に直面している大学生の学びの実態を把握したいという声が本プロジェクトメンバー内の総意として生まれた。とりわけ，アンケートなどの量的調査では把握しきれない，コロナ禍に直面する大学生の生の声を，インタビューを通して掬い上げ，大学界だけでなく社会全体に届けたいという強い思いが生まれた。そこで，「質的研究を用いた大学生の学修成果の可視化」プロジェクトから，「コロナ禍における大学生の学び」プロジェクトへと全体設計を変更し，このプロジェクトの一貫として，2020年10月末から11月初旬にかけて「『コロナ禍における学生の学び』の質的調査」（以下「コロナ質調査」）を実施した。

1．コロナ質調査の概要

　コロナ質調査の調査設計は手探りであった。なぜなら本書の執筆者8名は，これまで質的調査を設計，調査実施，データ分析し，研究成果をまとめてきた経験はあったが，コロナ禍のようなオンサイトで学生と対面してインタビューができない状況での質的調査を想定したことがなかったからである。このような手探り状態の中でも，コロナ質調査におけるインタビュー実施の手段として

クラウド型 Web 会議システム Zoom を活用することが即座に決定された。これは遠隔授業の実践知として，Zoom 活用のノウハウが日本中に普及していたからである。つまり，調査を実施する研究者も，インタビューを受ける学生も容易にオンライン上でのインタビュー実施の場に立てるからである。

　調査にあたっては，オンラインでの1対1の半構造化インタビューで実施した。本プロジェクトメンバーの間では，オンラインでのグループインタビューの実施の可能性も検討されたが，インタビュアー・インタビュイー双方にとって初めての経験になり難易度が上がることが想定されたため，調査実施における確実性をとりマンツーマン形式を選択した。なお，インタビュー実施時間は調査対象学生に過度な負担がないように配慮し，1時間程度とした。

　インタビュー中に調査者が学生に共通してたずねる質問項目（以下「共通質問」）は，本プロジェクトメンバー8名で検討した。「コロナ禍における大学生の学び」についてメンバー各自が明らかにしたいリサーチクエスチョン（以下「RQ」）に基づいた8つの共通質問を図表2−1の通りに設定した。本書ではこれら RQ ごとに章立てして，コロナ禍における学生の実態を明らかにすることを試みているので，各章と RQ との関係についても図表2−1に記載している。

図表2−1　コロナ質調査における8つの共通質問と本書各章との関係

章	RQ
第3章（服部）	授業で提示される課題は適切な量と質であったか（その理由は）また，学生から見た，よい課題，悪い課題とはどのようなものか
第4章（山路）	オンライン授業になって教員や学友への質問・相談は増えたか（その理由は）
第5章（西野）	ゼミ生や教員とのコミュニケーションにどのような変化があったか
第6章（山路）	集中して（意欲的に）受講できたか否か（その理由は）
第7章（上畠）	オンライン授業は続けるべきか（その理由は）
第8章（山咲）	日ごろ学友同士ではどのように，どのようなコミュニケーションをとっていたか
第9章（谷）	コロナは卒業後のキャリアイメージに影響を与えたか
第11章（山田）	この状況にどう対処したか（つらい時／苦しい時の乗り越え方）

　また，共通質問を聞いた後にインタビュー時間として設定した1時間中，インタビュアーの判断で追加できる質問項目も次の通りに作成した。「（対面と比較して）オンライン授業の良かった点，悪かった点は何か」「新しい同・異学年間の人間関係はできたか（どのように作ったか）」「課題は学びを促したか，あるいは逆に（自主的な）学びを阻害したか」「就職活動はどのように進めているか（対企業，対学内相談等）」「授業形態によって質問・相談のしやすさに

違いはあったか」「ゼミ・研究活動はオンラインの方がよいか（その理由は）」「大学生としての意識に変化はあったか」「学生がコロナ禍の授業をワンフレーズ（一言）で表現すると（その理由は）」「今後 After コロナの授業で質問をどのようにしていきたいか」「授業や研究活動との両立はどのようにしているか」「どこ（空間的）で，いつ学んだか」「学習の動機付けや，学習習慣をどのようにつけていったか」である。実際には，インタビューを実施していくプロセスの中で，1時間という限られた時間で8つの共通質問を聞き取るだけでも困難であることがわかったため，「学生がコロナ禍の授業をワンフレーズ（一言）で表現すると（その理由は）」という質問のみ追加で学生にたずねた。この分析結果をまとめたものが本書第10章（谷）である。

コロナ質調査では，調査対象学生が各学年5名計20名となることを目指し，本プロジェクトメンバーが面識のあった学生を対象に調査協力を依頼した。学年に焦点をあてた理由は8つの共通質問をカバーできると考えたためである。その理由として，授業で提示される課題（第3章）や質問・相談（第4章），オンライン授業の是非（第6・7章），学友とのコミュニケーション（第8章），コロナ禍における大学での学びの困難（第11章）については，入学間もない初年次生と，大学の学びに慣れてきた上級生とは異なる様子が明らかになることが想定されたからである。またゼミ（第5章）やキャリアイメージ（第9章）などのRQについては，これらの経験を多くのものがするであろう高年次生にインタビューをすることが適切であるとともに，昨今では初年次ゼミや初年次キャリア教育が取り組まれていることから，多様な学年のゼミやキャリアイメージを聞き取ることも重要であると考えたからである。

本プロジェクトメンバーによる調査対象学生リクルーティングの結果，**図表2－2**の通り，目標とした調査対象学生を集めることができた。

図表2－2　コロナ質調査調査対象学生リクルーティング結果について

学年	調査実施者							
	山田	西野	谷	上畠	服部	山路	山咲	計
1年生	2	2	1					5
2年生	1		2	1	1			5
3年生					1	2	2	5
4年生		3	1	1				5
計	3	5	4	2	2	2	2	20

　コロナ質調査の実施にあたっては，大阪産業大学の「人を対象とする研究計画」の研究倫理審査委員会の承認を得た上で（2020－人倫－08），本調査に係る全手続きは事前の申請に従って実施した。例えば，調査実施前に調査の趣旨等を記載した「『コロナ禍における学生の学び』の質的調査に関する協力のお願い（参考資料1）」を調査対象学生に調査実施前にメール等で送信した後，Zoom を用いて丁寧に説明した後，学生がその説明に納得したことを確認した上で，調査協力に関する同意書（参考資料2）に署名をしてもらう手続きをとった。これは，コロナ禍という世界レベルの未曾有の危機に直面した学生の心に寄り添いながら調査を実施するためであった。

　コロナ質調査では，1時間というインタビュー時間設定の中で，8つの共通質問を効率良く聞き取り，RQ を明らかにできる十分なインタビューデータを収集することが求められた。そこで，インタビューガイド（参考資料3）を作成し，本プロジェクトメンバーはこれに従ってインタビューを実施した。全てのインタビュー実施後は，学生 20 名のインタビューデータ（音声記録）を逐語録化し，本プロジェクトメンバーそれぞれの RQ に基づいてデータ分析を行った。総インタビュー時間は 1,128 分（18.8 時間），全逐語録の総文字数は299,065 字であり，400 字詰め原稿用紙に換算すると約 748 枚であった。

2．学生それぞれの「コロナ禍」

　本書では次章から第 11 章にかけて，**図表 2－1** で示した 8 つの共通質問と「学生がコロナ禍の授業をワンフレーズ（一言）で表現すると（その理由は）」という質問について，分析結果とその考察についてまとめていく。詳細については各章に委ねるが，本章ではコロナ質調査結果のアウトラインとして 2 点だけ伝えたい。

　第一に，学生それぞれの「コロナ禍」の物語が存在したという点である。政府見解やマスメディアの報道は，コロナ禍における大学教育について「対面は良い，オンラインは悪い」のように議論を単純化しすぎている傾向があると筆者は考える。コロナ質調査に協力してくれた学生の生の声は，どれも対面かオンラインかの二項対立で主張していなかった。例えば，通学の交通費が削減されることを理由にオンライン授業を肯定的に捉えている学生がいた。また，削減された通学時間分を自律的な学習時間に充てられることを理由にオンライン授業を肯定的に捉えている学生もいた。一方で，オンラインで開講する 1 限目授業開始直前まで自宅で寝ていられたことが，オンライン授業を肯定的に捉え

ている理由であると述べた自らのライフスタイルを重視する学生もいた。また，知識習得を主たる目的とした大人数講義はデマンド型オンライン授業が望ましく，少人数のゼミ形式は対面授業が望ましいと学生自らの学修経験と考えから二項対立を超えて，調査者にアフターコロナの大学教育の在り方を主張する学生もいた。つまり，それぞれが直面する社会・経済的な背景を踏まえた上で，学生個人の人生という物語の中で「コロナ禍」における大学教育を捉えていたのである。

　第二に，「キャンパスで学ぶこと」の意義を学生が言語化できてない点である。

　　オンラインや，オフライン。その場の感覚とかすかね，何なんでしょうね。
　　ちょっと言葉にはできないかも。

　このように調査協力学生の何名かが，大学のキャンパスに来て対面で学ぶことの意義について言語化することを試みながらできなかった。

　これは，大学教育における学びの場に関する本質的な問いであろう。コロナ禍以前・コロナ禍中・アフターコロナいかんに関わらず，大学関係者は「（オンサイトの）キャンパスで学ぶこと」の意義とは何かを，様々な学問分野からアプローチして明らかにすることを試みていく必要があるだろうと考える。本書では，この試みのファーストステップとなることも企図しており，多くの方の大学経営，大学教育実践の示唆となれば幸いである。

第3章

コロナ禍における授業課題
－学生の捉え方・対処法と大学教育への示唆－

服部憲児

はじめに

　2020年度，周知の通り，新型コロナウイルス感染拡大防止のため，多くの大学においてキャンパスの入構制限がなされ，授業のオンライン化が進行することとなった。その中で文部科学省の指導もあり，学生の理解度を確認する等のために，各授業において課題が大量に提示されることになった。その結果として学生が授業で提示される課題（以下引用箇所等を除き，授業課題）に追われて疲弊していることが指摘されている（金子，2020；村上，2020；佐藤，2020）。

　本章では，「『コロナ禍における学生の学び』の質的調査」（以下，「コロナ質調査」）から，コロナ禍の中で注目を浴びた大学の授業課題について分析を行いたい。本章のリサーチ・クエスチョン（RQ）としては，学生から見て「授業で提示される課題は適切な量と質であったか」（RQ1），「良い授業課題，悪い授業課題とはどのようなものか」（RQ2）の2点である。

　分析の対象となるデータは上記「コロナ質調査」に協力してくれた学生の語りである。分析の方法は，質的統合法（KJ法），M-GTAなどの質的分析の手法を参照しながら（木下，2003, 2007, 2009；山浦，2008），主として上記RQに関して語られた発話部分を抽出してその内容を要約・分類し，学生の授業課題に対する考え方や対処の仕方等を捉えることを試みた。また，学生の語りから，大学教育の改善に示唆的な点を整理して提示する。

1．授業課題に対する複雑な思い

　まずRQ1「授業で提示される課題は適切な量と質であったか」に関して，授業課題の量についての学生の実感を押さえておきたい。増えた／減った（負担が増えた／減ったを含む）の観点では，増えたとする学生が7名，減ったと

する学生が2名，多い／少ない（負担の多い／少ないを含む）の観点では，11名が多い，2名が少ない，6名が適切（多くない／少なくないを含む）であった。調査対象校の中に授業課題の量について配慮が働いた大学があったことを差し引けば，既に指摘されている通り，授業課題が増えた／多いと思う学生が多数派であり，大量の授

図表3－1　授業課題の量に関する実感

増えた*	変わらない	減った*
7	0	2

多い*	適切**	少ない*
11	6	2

＊負担の増減・多少を含む。
＊＊「多くない」「少なくない」も含む。

業課題に学生が疲弊しているようにも思える。しかし，授業課題の増減／多少の実感は，必ずしもそれに関する好悪と対応するものではない。

　学生の中には，とにかく授業課題は嫌だという意見もあったが，自分にとってプラスだと評価するものが多く見られた。

　　課題は，僕はあったほうがいいかなと思います。（中略）自分で調べてその課題をしてくるっていうのは，当たり前なんじゃないかなとか思いますね。

　　難しめのほうが自分の力になるんじゃないかと思ってて，（中略）オンライン，オフラインに限らず，それは有効だと思ってて。

　これらの発話に見られるように，授業課題をすること自体は概ね肯定的であったし，その意義は理解している。
　ただし，時間は限られているため，課題をこなすことのできる量には自ずと限界がある。学業と生活のバランスも考慮すればなおのことである。例えば，次のような発話である

　　自分もこれについて調べたかったとか，深いレポートととかも書けたんじゃないかなと思うんですけど，課題に追われてたんで，できなかったです。

　　締め切りが早かったらちょっと焦るかも。（後略）

　　課題の量が多いから，バイトに行く時間もなくなってくるし，寝る時間が

減るしってなって，悪循環になるっていうのがすごい多いかなって思います。

　また，個々の授業の課題量には問題がなくても，それらが合わさると膨大な量になることもあり，学生からすれば総量調整を求めたくなる。下級生を気遣う上級生の次のような発話も見られた。

　他の授業とかも1年生とかだったら，やっぱりあると思うんで，そこはちょっと考慮していただけたらいいのかなと。オンラインの場合は，と思いますけど。

　一方で，通学時間が無くなる分，時間に余裕ができたという指摘も複数あり，学生が置かれている状況によっても事情は異なり，いっそう複雑である。

　さて，ではこのような状況に学生はどう対応したかというと，様々な工夫を凝らして難局を乗り切ろうとした姿が見てとれる。多かったのは，1つには他者の活用，すなわち友人に聞いたり，場合によっては教員等に聞いたりするというもの，そしてもう1つには効率化を図るというものである。後者については友人と協力をしたり，精力の注ぎ方を調整したり，授業課題のクリアを第一に考えて作業手順を決めたりといった内容である——やや抽象的な書き方ではあるが，詳細には触れない方が適切かと思う。他には力業（徹夜，週末フル稼働など）や計画を立てること，中には「慣れる」という対処法も提示された——これを対処法と呼べるのかは分からないが……。

　多かれ少なかれ，学生たちは大変な思いをしているのであるが，では授業課題が少なければ良いと思っているのかというと，話はそんなに単純ではない。例えば，次のような発話があった。

　みんな，一生懸命，課題やってるなって思いながらも，俺，こんな簡単なやつでいいんかなっていう。時々，どうなんかな，俺，ちゃんと勉強できてんのかなっていう。

　逆に，なくて不安になるのももちろんありました。

　多いのは困るが，かといって授業課題が簡単すぎたり少なすぎたりすると，

それはそれで不安に思うこともあるようである。

2．良い授業課題，悪い授業課題とは？

　次に RQ2「良い授業課題，悪い授業課題とはどのようなものか」について検討してみたい。学生たちはどのように授業課題の良し悪しを評価しているのであろうか。プラス評価される授業課題には，大きく2つのパターンが見られる。1つは自分の思考が深まったり，視野が広がったりするタイプの授業課題である。次のような発話に代表される。

　　考えて書きなさいとかっていう授業課題になると，自分と向き合うことができたので，有効性，感じたと思います。

　　課題をしたときに（中略）日常生活で新しい視点が獲得されているみたいなのに気付いたときは，すごく面白いというか興味を持てるなって思いました。

　もう1つは，授業の復習になるようなもの，振り返りができたり，学んだことの定着を図ることができたりするような授業課題である。次の発話に代表される。

　　いい課題だったなって思うのは，（中略）復習にもなったり，やっぱり頭にも残るので（後略）

　　授業でやったことを詳しく説明しなさいとかっていう課題を出されると，授業をやった内容とかを振り返ったりもできるので，理解を深めることはできた課題かなとは思いました。

　いずれも，学生たちが自分たちにとっての意義を見いだせると考えるような授業課題であるという点では共通しているといえる。
　一方，授業課題が不適切と判断する理由はいくつか見られた。複数の言及があったものとしては，不明確な（何をすれば良いのか分かりにくい）授業課題，授業の内容と乖離している授業課題，参考資料が分かりにくかったり不十分であったりする授業課題，反復練習型／知識詰込型の授業課題，感想あるいは出

席確認だけの授業課題が挙げられた。これらを代表する発話は取り上げないが，不適切と考える授業課題には厳しい評価を下している。ここで留意しておきたいことは，学生たちは授業課題の良し悪しを量だけで評価していないということである。

　学生にとって良い授業課題（および悪い授業課題）についての語りを分析していると，良い授業課題の条件は，授業の捉え方でも異なることが見えてくる。先にプラス評価される授業課題には2つのパターンがあることを指摘したが，その背後には，学生の授業に対する捉え方の違いがあるように思える。思考の深まりや視野の拡大を授業課題に求める学生たちは，授業で学んだことを踏まえて発展させることに，学んだことの定着や復習を授業課題に求める学生たちは，授業内容を理解することに重きを置いていると考えられる。前者は「授業をもとに学ぶ派」，後者は「授業で学ぶ派」といえようか（ちなみに本分析では両者はおおよそ1：2の割合であった）。

3．大学教育の改善への示唆

　授業課題に関する学生たちの語りには，授業をはじめとする大学教育の改善のためのヒントが多く含まれている。上述の学生から見て適切／不適切な授業課題は，その在り方を自問するきっかけを与えてくれる。授業課題に関する学生の率直な意見は，教員が授業課題を出す時の参考になる。授業課題に関すること以外にも示唆に富んだ発話は多く見られ，学習者に対する意識，全学的な取り組みの必要性，授業の設計や工夫などについて語られた。

　学習者に対する意識は「学生目線を持って欲しい」「もっと学生のことを考えて欲しい」というものである。例えば次のような発話に代表される。

　　　もうちょっと授業の内容を改善する必要もあると思うし，生徒（ママ）の反応を，生徒（ママ）の声をしっかりと聞いてほしいなっていう感じはしますね。

　　　課題の量的には少しは自分が，1回，先生が，生徒（ママ）の立場になってこれを1週間に消費できるのか，次の授業を受けるにあたっての従来の授業と同じ学習度でいけるのかっていうところを，しっかりと照らし合わせてほしいなっていうのはあって。

これらを真正面から受け止めるとなると，この点に関するFDが必要ということになろう。それは授業改善というよりも，「学生目線を持つにはどうすれば良いか」「学生の立場で考えてみるにはどうすれば良いか」を内容とするものである。もちろん，学生の言い分が常に100％正しいとは限らないが，視点を変えてみることは重要である。研究においても，行き詰まったときに視点を変えてみると，新たな気づきやアイディアが見つかることもある。教育においても，学生目線で見ると，同じように新しい何かが見えてくるかもしれない。

　気付きという点では，筆者が今回の分析を通して一大学教員として最も示唆を得られたのは，フィードバックに関する発話であった。コロナ禍におけるオンライン授業の実施に際して，双方向性を確保することが文部科学省から強く求められた。授業課題へのフィードバックはその方法の1つといえる。学生の語りからは，フィードバックには，単に双方向性の確保や授業内容の理解促進の手段にとどまらない効果があることが読み取れる。教員から適切なフィードバックをもらった学生からは，次のような発話が見られた。

　　出して終わりじゃなくて，読んでくれてるし，ちゃんとまとめられてますね，とかこう，褒められるじゃないですけど，そういうのがあるとやる気にもなるっていうか，よかったです。

　教員からのフィードバックが学生のやる気につながっていることが分かる。逆に教員からフィードバックをもらえなかった学生の次の発話から，達成感の欠如が感じられる。

　　達成感はなかったですね。（中略）ただ一方的に送ってる感じじゃないですか，レポートとか。（中略）フィードバックみたいなの返ってくるじゃないですか。○○の先生，返ってこないんですよ。（傍点は引用者による）

　ここから，フィードバックは学生の理解促進において重要であるだけでなく，そのモチベーションに大きな影響を及ぼすことが示唆される。

　さて，大学教育の改善は個人の取り組みだけでは限界もある。教員個々人の授業改善に加えて，大学全体として組織的改善に取り組むことも必要である。先にも引用したが，「他の授業とかも1年生とかだったら，やっぱりあると思うんで，そこはちょっと考慮していただけたらいいのかなと。オンラインの場

合は，と思いますけど。」という発話があった。個々の授業の課題量には問題が無くても，それらが合算されると限界を超える場合もある。学生の立場からすると教員間で調整をして欲しいということになるのだが，非常勤講師による授業も多く，学生の時間割も多種多様な大学では，教員同士で授業課題の量の調整を行うことは不可能である。他方で，後述するように大学設置基準の規定に着実に従うならば，大半の学生の履修科目数が多すぎる傾向にあるという現実がある。この点の解消までを個々の教員に委ねるのは現実的ではなく，組織的な対応，すなわち全学的な教育体制の整備，少なくとも部局内での調整が必要になってくる。学生の語りは，直接的にではないが，その必要性を示している。

　ここまで，学生が授業や大学教育の問題点を指摘する発話ばかりを示してきたが，一方で良い授業は良い授業として評価されている。例えば，次のような発話である。

　　板書取ったやつを写真撮って投稿してくださいねっていうのが○○学だったんですけど，絶対やらないといけないじゃないですか。（中略）結構，真面目にやってたし。授業もちゃんと聞いてるんで，それはちゃんと理解してるし，一番授業らしい授業やったなって思います。

　　○○の授業とかは，授業スタイルが分かりやすいんですよ。予習と復習があって，講義スライドもあって，講義スライドを見て，内容を理解してから復習に取り組んで，その後のフィードバック返ってきて……。

　筆者は当該授業を見学したわけではないが，学生の発話からは，担当教員が何らかの工夫や意識的な授業設計を行っていることがうかがい知れる。授業の設計やデザイン，あるいは細かな工夫については，その重要性・必要性は以前から指摘されているし，そのような内容を取り扱ったFDや書籍なども多くある。ここで語られている教員が，それらを参照したのか，自己流なのかは定かでないが，学びを促進するように設計や工夫がなされた授業は，学生から高い評価を得られることが示唆される。

4．設置基準と現状の乖離
　先述したが，単位計算の規定と現実（学生の認識）にはズレがあることが「コ

ロナ質調査」からも示される。本書の読者の多くには改めての説明は不要かと思うが，大学の単位に関しては大学設置基準（以下，設置基準）第21条に「一単位の授業科目を四十五時間の学修を必要とする内容をもつて構成することを標準」とするという規定がある。一般的な半期2単位の講義科目でいうと，90時間の学習が学生に求められる。講義1回分は2時間と見なされるから，90時間中に講義時間が占めるのは2時間×15回＝30時間である。残りの60時間は予習・復習（授業課題に取り組む時間も含む）の時間である。1科目1週間につき講義以外に60時間÷15週＝4時間の学修が必要になる。これを踏まえて以下の学生の発話を見てみたい。

> Zoomで90分使ったならそれだけで終わりにしてほしいっていうのと，プラスアルファの課題っていうのは対面の授業でもあるのかどうかっていうのが，こちらの疑問であるのと。

> 同じ例えば90分の授業を，オンラインで受けて対面で受けてだと，対面だと説明の時間が大体80分だとして，残りの10分はその授業評価のレポートとしますって先生が言ったとしたら，それがオンラインになると90分間全部説明で，残りの時間で全部，授業終わるからレポート書いて好きにやってみたいな感じだと，明らかに取り組める時間も違うし……。

　これらの発話からは，予習・復習が週4時間必要だということを学生が認識していないことがわかる——おそらく知る機会は無かったと思うので学生を非難するつもりはない。現実として，法定の要学修時間と学生の考える適正な学修時間との間に乖離があることがわかる。ただし，このこと自体は高等教育関係者の一部では従前から指摘されていた話である。新たな問題が発生したというよりも，蓋をされていた（＝見て見ぬ振りをされていた）問題がコロナ禍で表出したということであろう。コロナ禍前は，**図表3－2**左側のように，学生は設置基準に対して現実的でない履修登録をし，大半の教員は意図的・無意図的に適切な授業課題を課してこなかった。ところがコロナ禍による環境の激変により，教員は授業課題を出さざるを得なくなった。その結果として**図表3－2**右側のように教員の行動が設置基準に近づく状況を生み出したが，学生の認識には変化がなかったので，教員と学生の間に溝が生じることになった。

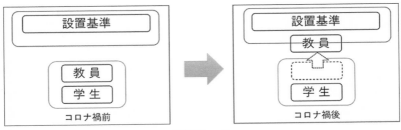

図表3－2

　この溝を埋めるには，図表3－2左側に戻るように教員を引き下げるか，学生を引き上げて教員に接近させるかである。前者はコロナ禍前のレベルに授業課題の量を減らすこと，後者は相対的に増えた授業課題にも学生が対応できるように履修科目数を適正化することである。あるべき姿として求められるのは，やはり後者ということになろう。

5．大学教育の改善に向けて

　以上，「コロナ質調査」の分析を行ってきたが，既に指摘されているとおり，多くの学生は授業課題に対して負担を感じていた。しかし，実際には学生が置かれている状況によっても異なるし，単に授業課題が少なければ良いと思っているわけでもない。今回の調査対象者の語りを分析する限り，学生は授業課題を量だけで判断していない。むしろ，自らにとって有益だという観点から，質の良い授業課題に対しては適切に評価しているといえる。

　ただし，いくつかの点には留意が必要である。1つは量的な面で，学生が自らに有益と感じる授業課題は評価するといっても，当然ながら量的な限界はあり，過剰な量になるとこなせなくなる点である。このため，教員が授業課題の適量を体得することが求められ，場合によってはそのためのFDや組織的な調整も必要となろう。また一方では，「単位」の意味（単位数と要学習時間の関係）を学生が理解することも重要となる。それを学生が理解する機会があることは，学生にとってだけでなく，教員にとっても良いことであろう。というのも，それは大学で学ぶことについての共通理解に貢献すると思われるからである。どのような形で実施するかは難しい問題であるが，便覧の片隅に記載して「ちゃんと紹介しています」と主張するだけでは不十分であることは間違いなかろう。

　もう1つは質的な面で，学生により授業の捉え方，それに連動する授業課題への期待が異なるという点である。学生が有意義と感じるような授業課題が必

要とされるが，多様な受講生全員を100％満足させることは難しい。また，教員も授業に対する考え方があるはずで，それは専門性の尊重の観点から無視できない。「ティーチングからラーニングへ」というスローガンの下，学習者がいかに学んだかが重視されている。もちろんこれには賛同するが，それは教える側が何を伝えたいかが重要ではないということではないはずだ。多様な学生の意見を踏まえつつ，専門分野の特性を考慮してどう対応するか，教員による判断も尊重する必要がある。つまり多様な学習者の利益と教員の専門性のバランスである。これを上手く成り立たせるには，教育や授業について学生と対話することが有効なのではないかと考える。教員が教育や授業に対する考え方を明確に示せば，おそらく学生の多くは納得するであろうし，対応もできるであろう。それによって双方の思い違いが，そしてストレスが減少すると期待したい。

　最後に，本稿の分析からは少し踏み込みすぎてしまうことになるのかもしれないが，そこから想起された教員の負担の問題に触れておきたいと思う。先ほどフィードバックの重要性について言及したが，学生の学びをより促進するには，教員が良い授業をするだけではなく，十分な事前の準備と事後のフォローアップをセットで考える必要がある。授業を受けるだけでなく，その予習・復習が学生に求められるのと同じ構図である。そのために学生には履修科目を減らすことが良しとされており，履修制限（CAP制）の導入等が推奨されている。準備やフォローアップ等も含めて教育の質を高めることを目指すのであれば，学生に履修科目制限を課するのと同じ理屈で，教員の担当科目数にも制限が必要にはならないか。事前・事後も含めて授業に双方向性を求めるのであれば，そのための条件整備も並行して実施する必要があろう——事態の打開を個人に押しつける方法には限界がある。その際に，教員の業務には教育だけではなく，研究・管理運営・社会貢献もあることを踏まえた対応が必要であることをあえて指摘しておきたい。それらを度外視して教育業務の拡充だけを求めると，不満や反感が生じて様々な悪影響が出てくるかもしれない。広い視野で問題を捉える姿勢が様々なレベルの関係者に求められるところである。

文献

金子元久（2020）「コロナ禍で見えたこと」『IDE：現代の高等教育』624, 57-61.

木下康仁（2003）『グラウンデッド・セオリー・アプローチの実践─質的研究への誘い』弘文堂.

木下康仁（2007）『ライブ講義 M-GTA　実践的質的研究法　修正版グラウンデッド・セオリー・アプローチのすべて』弘文堂.

木下康仁（2009）『質的研究と記述の厚み─M-GTA・事例・エスノグラフィー』弘文堂.

村上正行（2020）「コロナ禍における大学でのオンライン授業の実情と課題」『現代思想』48（14）, 67-74.

佐藤浩章（2020）「ポスト・コロナ時代の大学教員とFD─コロナが加速させたその変容」『現代思想』48（14）, 75-84.

山浦晴男（2008）「科学的な質的研究のための質的統合法（KJ法）と考察法の理論と技術」『看護研究』41（1）, 11-32.

第4章
コロナ禍下の授業における質問行動

──────────────────── 山路茜

はじめに

　2020 年度の大学の授業は新型コロナウイルス感染症対策のため，実施形態の変更を余儀なくされて始まった。オンライン授業の活用が文部科学省から 2020 年 3 月 24 日に示唆された。要件の中には同時双方向型での学生の教員に対する質問の機会の確保や，オンデマンド型での学生の意見交換の機会の確保が含まれる。授業において対話が不可欠であることの一つの表れかもしれない。しかし，2020 年度開始期，教員と学生にとって限られた環境や不慣れな生活のもと突如訪れたオンライン化である。学生は授業に関する困りごとや内容に関するわからなさを質問して解消することができただろうか。本章では，オンライン授業に関する学生の質問に焦点をあてる。

1．授業において質問するということ

　平時の授業に関する学生の質問はどのように捉えられてきたのか。質問行動（questioning behavior）は他者と関わる場における能動的な学習活動の一つであり，他者の話の理解が促されることに加え，生産的な議論を可能にする行動だと考えられる（無藤ほか，1980）。しかし，日本では授業中に学生が質問しないことが指摘されている（祐宗，1995；藤井・山口，2003 など）。学生が授業中に教員に質問しない理由は，「恥ずかしいので，また人目が気になるので質問しない」などの他，「友人に聞く方が分かりやすい」，「後で個人的に質問する」点が明らかにされている（祐宗，1995）。学生にとって質問は授業中にかぎらず授業外も含めて行うものであり，その対象は教員にかぎらず友人も含むと考えるのが自然である。

　学生の質問スタイルは「授業中に自発的に質問する」，「授業中に他者からの働きかけによって質問する」，「授業後に個人的に質問する」，「質問しない」に

類型化され，授業中に質問しない理由は「他の学生のまなざしを気にかける」，「自分の能力が露見するのを懸念する」，「授業状況の雰囲気を気にかける」ことが明らかにされている（藤井・山口，2003）。学生は質問したい事柄が浮かんでも他の学生を意識し，自分が理解できていない印象を与えることや授業の雰囲気を自分が壊すことに恐れを感じ，授業中の質問を回避する。そして教員への個別質問や気心の知れた友人への質問をすることで疑問を解消させている。

　学生の授業内外の質問行動は，まなざしや雰囲気という表現が示すように教室などで教員や複数の学生が集まる場面の状況に規定されていると言い換えることができる。質問行動それ自体が「講義やゼミなどの集団学習場面で他者に対し質問する行動」と定義され（無藤ほか，1980），授業は教室で行われる前提があった。ところが，オンライン授業はその前提を崩す。学生は，質問を促進したり回避させたりしていた教室という場の状況がなくなったことでどのように行動したのだろうか。オンライン授業になって学生が経験した質問行動の変化を明らかにすることを目的とする。

2．分析の枠組み

　本章では質問行動を，講義やゼミなどの学習目標を共有した学生がその授業に関して他者に質問する行動と定義する。留意点は，第 1 に空間の共有を想定せず場面を限定していない。オンライン授業では身体的に集まることがないためである。第 2 に授業中や授業外といった選別はしていない。オンライン授業では従来の授業時間を区切る概念は通用しない。同時双方向型であれば互換性は高いが，例えばオンデマンド型であると時間割にも教員の合図にも縛られない。そのため，質問行動として授業に関する質問であればタイミングや手段を問わず取り上げた。

　7 大学 20 名の学生のインタビュー記録から，「オンライン授業になって教員や学友への質問・相談は増えたか（その理由は）」の設問への回答を中心に全体を見渡し，講義やゼミに関連する自分の質問行動の語りを分析の対象とした。本章の目的である学生が経験した質問行動の変化を明らかにするために，出来事や行動に対する意味づけに着目する。

　本章では質問行動の促進と回避という観点から，質問量の増減を変化の軸として捉えた。平時の質問行動でも明らかなように質問の対象は教員と友人が想定されるため，学生ごとに対教員と対友人の質問量の増減に注目して学生の経

験を概観する。その上で，変化が顕著な学生に焦点をあて，何が学生の質問行動に影響を及ぼしたのかを語りから描き出す。なお，学生の名前はすべて仮名とする。

3．質問量の変化を経験した学生

　語りをくり返し読み，教員に対する質問量が〔増えた〕，〔変わらない〕，〔減った〕経験を語った学生に帰納的に分類した。友人に対する質問量についても同様に分類した。オンライン授業以前の質問行動に関する語りがなかった学生については，オンライン授業になってから質問を結構した場合は〔増えた〕，ほぼしない場合は〔減った〕と判断した。ただし，ほぼしない中でも元々しない学生は〔変わらない〕と分類した。また，例えばゼミを担当する教員に対しては増えたが他科目の教員に対しては質問しないと語ることもあり，その場合は変化を含んでいれば増減があると判断した。

　作業の結果，**図表４－１**のように学生の経験は多様であることが浮かび上がった。教員と友人のいずれに対しても質問量が〔変わらない〕学生は２名であり，その２名以外はオンライン授業になり質問量の変化を感じたことがわかる。質問量が〔変わらない〕理由は，教員か友人の一方に対して〔変わらない〕経験を語った５名を含めると，対面の授業の時から羞恥心があるか興味がないなどで質問しなかった（４名），手段が変わっただけ（２名），人見知りのために話しやすい相手かどうかが大事（１名）という意識だった。

　図表４－１　オンライン授業経験による対象別質問量の変化（人数）

		対友人		
		増えた	変わらない	減った
対教員	増えた	5	1	3
	変わらない	2	2	2
	減った	1	0	4

　オンライン授業になって質問が促された学生として教員と友人の双方に質問量が〔増えた〕経験を語った５名，質問を回避した学生として双方に〔減った〕経験を語った４名に特に着目したい。彼ら／彼女らの語りから気づくことは，起こった出来事やとった手段は共通する部分が多く，その頻度や思いが異なることである。共通して語られたのは，第１に教員にメールやメッセージ機能を用いて質問した点，第２に友人とSNSを用いて質問を含めた連絡をとりあった点，第３は一部の学生ではあるが，友人と電話やビデオ通話をつなぎながら

授業を受けたり課題に取り組んだりした点である。以下，これらの点に沿って質問を促進，あるいは阻害したものについて語りから検討する。

4．教員への文字を用いた質問に対する意味づけの違い
（1）疑問を持ったときに連絡できるよさ

　質問量が〔増えた〕学生の語りからは，教員にメールやメッセージ機能を用いて質問できることについて，疑問を持った時にすぐ連絡が取れるという意味づけがみえた。1年生の鈴木さんは次のように語った。

　　　例えば課題をやってて，ここ，ちょっと分からへんってときに，いわゆる
　　　（LMS名）のメッセージ機能やったりとかで，先生，ここが分からないん
　　　ですけど，みたいな感じで，すぐ質問自体をできるっていうのは，いいと
　　　ころかなって（鈴木）。

　鈴木さんはわからないことがあると教員とLMSのメッセージ機能を用いたやりとりを前期に頻繁に行い，その行動を振り返って「すぐ質問自体をできる」良さを語っている。1年生であるため「授業でこれ分からんくて」と教員に聞きに行ってみたいが行き方がわからないとも口にしていた。教員と話してみたい願望があるものの，後期に入って対面授業を経験しても積極的には行けずにいて，結局メッセージ機能での質問のしやすさを感じているようだった。
　教員に聞きに行くことと比較して文字のやりとりの気軽さを語ったのが2年生の阿部さんである。阿部さんは1年次に教員に聞きに行く経験をしていた。

　　　対面のときは，いちいち研究室まで行ってとか，先生探し回っての感じで。
　　　／なんかやっぱ時間取るじゃないですか。今，授業入ってるか，入ってな
　　　いかとか，先生も次の授業の準備とかあったら，ぎりぎりには行けないし
　　　（阿部）。

　阿部さんも課題のことについて教員にLMSのメッセージ機能を用いて質問することが増えていた。以前は研究室まで訪ねて質問をしていたといい，その際は教員の都合を考えていたことも語っている。もともと授業に関してわからないことがあると，教員の迷惑にならないよう気をつけつつ労力をかけてでも質問していた阿部さんは，メッセージ機能の手段を得たことを楽になったと受

け止めていた。疑問に感じたことを教員に尋ねたい思いを持った学生は，新しい手段を手に入れたことで疑問を放置することなく教員に質問して学習を進めていたようである。

（2）疑問を介した相互作用の質に対する不足感

　一方，質問量が〔減った〕経験を語った中で，前年度まで授業後に教室で教員に質問していた学生は次の2点を指摘していた。メールのやりとりに時間がかかることと，文章表現では不十分に感じることである。3年生の松本さんは時間の点を次のように語った。

　　何往復かして理解を深めるっていうのが，すごくメールだと面倒くさくて。対面だったら5分しゃべって終わるのが，メールだったら何時間かかるとかいうふうになるので，／相手も，説明してもいいなっていうか，説明時間を割いてもいいなって思ってもらえるような質問の書き方だったりとか，質問の内容だったりとかっていうのが，どうしていいのか分からないっていう感じでしたね（松本）。

　「面倒くさくて」と負の表現を使っているが，質問することについて「何往復かして理解を深める」ものだと建設的に捉えている。教室であれば教員との複数ターンの対話が空間と時間の共有によって連続的に可能な反面，メールの場合は読んで返信することは互いにゆだねられ，納得して終わるまでに時間がかかる。また，メールで質問する際に，読む側の視点に立って考えて手が止まる様子が語りに表れている。顔が見えない状況から「わざわざオンラインで連絡を取る」場合に連絡の受け手を想って戸惑い，質問の書き方や内容を的確に表現することに壁を感じていた。松本さんは結局，研究室に行ってよくなって以降は，研究室に教員が立ち寄ることを質問しやすいと感じ，その機会を積極的に利用しているという。

　同じく3年生の加藤さんは，メールの書式の負荷を指摘したうえで，教室で質問することに込めていた思いをもとに，対面の質問と文字での質問のニュアンスの違いを語った。

　　明らかにそのまま図とか書くときとか，流れで説明するとかってなると，メールの書式の文章だけだったりとかじゃ足りないと思うし，／先生に話

　　しかけに行って，ちょっと雑談も兼ねての質問とかをすると，僕の印象と
　　かだったりとかも，こういう性格の子だとか，こういう趣味を持ってるん
　　だとかっていうのを分かってもらえるので，（中略）僕も先生と仲よくな
　　ると簡単に質問もできるようになるし（加藤）．

　加藤さんは文字でのやりとりの不便さについて，図や流れに関する質問内容
を伝えるのに不十分であると訴えている。加藤さんにとって教員に質問するこ
とは疑問の解消だけでなく人間関係の構築の一つでもあり，関係がよくなれば
質問もしやすくなるという相互作用的な営みだと捉えられている。教員との関
係構築が満足にできなければ質問もしにくく，それが質問を回避する行動につ
ながっていた。教員に質問することの意味を，対話を通して理解や関係性を互
いに深めることにあると捉えていた学生にとって新しい手段は質問しやすいも
のではなく，オンライン授業下では質問を控える様子が窺えた。

5．友人との SNS を通じた質問に対する意味づけの違い
（1）気軽に質問してよい共通認識
　友人との SNS を通じたやりとりについて，質問量が〔増えた〕経験を語っ
た2年生の小山さんはキャンパスに行けない環境下で雑談を含めた友人への質
問機会だったという。

　　一緒にゼミの Zoom の授業があったときには終わった後に，「あの課題っ
　　てこんな感じやったっけ？」って。（中略）すぐ授業の後に LINE したりっ
　　ていうのはちょっと増えました。だから，授業の復習って言ったらあれで
　　すけど，雑談含めてっていうのはちょっとだけ増えました（小山）。

　友人関係に変化はないが，教室で授業後に友人と喋る行動がオンライン授業
になって手段が SNS に変わり，少し量が増えていた。連絡をとるタイミング
は対面授業の頃と変わらず，同時双方向型の授業が終わるときを利用し，課題
について雑談を交えて気軽に質問できたと語っている。また，小山さんの指摘
は連絡のとりやすさであるが，質問自体をしやすく感じていた学生もいた。教
員に文字で質問する気楽さを語った阿部さんは友人への質問について次のよう
に表現した。

初めのほうは多分一番多かったんですけど，そのときはみんな初めてやし，みんな分からんやろうから，何て言ったらいいんでしょう。分からないのが当然やから，それも気負いなくっていうか（阿部）。

「分からないのが当然」という気持ちから質問する壁を感じずに済んだことを指摘しており，特に初期の頃に行動として現れたという。課題についてわからないのは自分の能力不足によるものではなく，みんな初めての状況だからという共通認識があることで質問できていた。自分の能力の露見を懸念する平時の質問行動への指摘（藤井・山口，2003）をふまえると，授業のオンライン化という未経験の状況に自分がわからないことは恥ずかしいことではないと受け止められ，SNS を通じて気負いなく質問できたと考えられる。

（2）コミュニケーションに対する認識の変化

しかし，質問量が〔減った〕経験を語った学生は SNS での連絡を気楽に感じられなかった。メールの受け手側を想って教員へのメール質問を控えた松本さんは，友人への質問に対しても状況の共有できなさを口にしていた。

コミュニケーションをとること自体が少なくなってしまったので。そこがない分，ちょっと相談しにくいとか。相手の状況とかが見えないので，今だったら聞いても大丈夫だなとかも分からないじゃないですか。／ちょっと横に座ってるから聞くみたいな感じのコミュニケーションを対面だったらとってたんですけど（松本）。

対面の際は横に座っているからと授業の内容について友人に気軽に質問していた松本さんは，今聞いてもよいか相手の状況を考えるようである。普段からコミュニケーションをとるから相談しやすいのであり，その前提がオンライン化で見えなくなることで質問しにくさを感じていた。コミュニケーションの変化を捉え，それが質問しづらさに結びついたことを 2 年生の木村さんも語った。

今までだったら，「うん，分かった」で終わっていたのが，「これこれの意見はこういうことで，こうだよね。合っている」みたいな，倍になったというか，毎回，意見をちゃんと言わないと分かりづらいものはあったかなっていうのが，変わったことかなって思います。／学食，一緒に行きつつ話

すとか，授業移動で話すとかっていう，結構，自然と生まれていた時間に
比べて減ったなと（木村）。

　友人が隣にいる会話がビデオ通話や文字に変化したことは話し方にも影響し
たと木村さんは受け止めている。共通認識が取りづらく，言葉を省略せずに足
さないと伝わりづらいと思い，コミュニケーションの取り方が変わっていた。
質問についても移動の間に会話が自然発生していたときと比べて減ったと語っ
た。相手の状況がお互いに見えることで安心して質問を含めた雑談ができると
感じる学生にとってSNSは代替手段として不足のようである。

6．質問の質に対する意味づけ

　一部の学生は同時双方向型の授業を友人たちとスマホ等でビデオ通話しなが
らPCで受講したり，電話やビデオ通話しながら課題に取り組んだりする工夫
をしていた。〔増えた〕経験を語った3年生の菊池さんは，以前まで帰宅後に
友人と電話したことがなかったが，オンライン授業になって実験用の機械を自
宅に持ち帰り，友人と頻繁に電話しながら課題に取り組んだという。教員に対
する行動に変化が生じたことも次のように語った。

　　今回，急にみんなで経験することになりまして，自分でどうにかするしか
　　ないっていうことですごい調べものをしたり，（中略）先生に質問をする
　　のでもメールとかが主でしたんで,ちゃんと何が問題点で，どのように困っ
　　てて，（中略）これについてお教えいただけないでしょうかという感じで
　　順を追って説明する力とか，問題に対処する力とか（菊池）。

　仲間と未知の困難に直面し，まずは自分で動いたという。あとは「友達何人
かとみんなで協力してやり合った」上で残された問題点を教員にメールで質問
していた。その際，問題を対処するのに必要な説明の仕方を考え，その力を身
につけたと語られている。2年生のときはアポイントのメール以外でほとんど
質問しなかったというが，授業のわからないところやトラブルの対処法につい
て，具体的な内容を求める質問をメールするようになったと，自分が力を得た
と振り返った。

　質問量が〔減った〕加藤さんも友人と電話しながら課題をしたという。工夫
はしたものの，対面授業であれば授業中に生まれた疑問を隣に座る友人と対話

して教員に尋ねる過程を経て質を上げられていたことを指摘している。

　　授業中，疑問にぱって，ふと思うこととかってあると思うんですけど，そういったときとか隣に座ってる友達とかがいれば，これってさってちょこっと軽く話しかけて，これはこうじゃない？とかこういう考え方もあるよねとかって話は変わるし，そこで生まれた答えを先生に，これ，僕こう思ってたんですけど，ちょっと友達に聞いたらこういった意見が返ってきて，先生どう思いますかとか。先生に質問を委ねる段階で，1個質問の質とかを上げて先生にできるなっていうところがあるかなって（加藤）。

　生まれた疑問はそのままの形でとどまらず，友人と言葉を交わす中で自分の仮の答えと別に答えを創り出し，その思考プロセスを教員に問うことで質の異なる学習ができると述べている。それは空間と時間の共有の中で生み出されやすく，オンライン環境下では実現されにくいと捉えられていた。
　課題に取り組むにあたり授業内外を問わず友人と協力する姿勢をみせた学生の語りは，オンラインという環境下で質問の増減という行動の違いを生んだものの，疑問について自分で考え，友人と対話し，そのプロセスについて問うことで問題に対処したり学習の質が上がったりするという学習観には共通点があると考えられる。

7．授業におけるこれからの質問行動
　質問の増減は単純に学習への意欲の程度を表すものではない。質問が〔増えた〕学生は，疑問を教員や友人に尋ねたい意識を元々持ち，チャット機能を教員にすぐに尋ねる機会と捉えたり，質問を友人にSNSで雑談を含めた連絡をとる機会と捉えたりすることで質問行動が促進されていた。未知の出来事にわからなくて当たり前という状況の後押しもあったようだ。疑問を放置せず自ら動く姿勢の点では学習に意欲的といえる。ただし，本インタビューでは質問内容に関して深く聞けていない。授業形態の急変に伴い，学習内容だけでなく授業ルールや課題の提出方法という技術的な質問も多く混在している。自律的な質問行動とは質問する必要性を十分に吟味した上でヒントを求め，自分で問題解決を進めるものである（瀬尾，2007）。質問行動をどのように自分の学習につなげることができたかを本章では明らかにできなかった。
　また，質問が〔減った〕経験の語りから，質問行動を介して自分の理解や他

者との関係性を相互作用的に深める，あるいは構築する意識があり，空間と時間を共有できないとそれが成り立たないと捉えて質問行動が回避されたことがみえた。学習意欲がオンライン化によって抑制されたといえるかもしれない。本来の定義に戻ると，質問行動には生産的な議論を可能にするという側面がある（無藤ほか，1980）。中学校の授業事例でも疑問の共有を発端に多様な相互作用が生まれ，そのプロセスで理解は深まることが明らかになっている（山路，2019）。生産的な議論を生み学習の質を向上させるためには，質問の意義を学生が学ぶ重要性があるとともに，与えられた環境の中で最大限の質問行動を選び取るスキルを学べる指導をデザインする必要があるかもしれない。

　さらに，質問によって関係性が深まる反面，関係性がないと質問しにくいことも示唆された。オンライン大学で学ぶ学生が学習の相談をできる学友がいないとつまずいたときに質問しない傾向にあるようである（石川・向後，2017）。質問の対象は教員に限る必要はない。教員が疲弊しない質問のシステムをいかにつくるかに加え，学生同士の関係性をいかにつくるかを今後は検討する必要があるだろう。

文献
藤井利江・山口裕幸（2003）「大学生の授業中の質問行動に関する研究―学生はなぜ授業中に質問しないのか？―」『九州大学心理学研究』4, 135-148.
石川奈保子・向後千春（2017）「オンライン大学で学ぶ学生の自己調整方略およびつまずき対処方略」『日本教育工学会論文誌』41（4），329-343.
無藤隆・久保ゆかり・大嶋百合子（1980）「学生はなぜ質問しないのか？」『心理学評論』23（1），71-88.
瀬尾美紀子（2007）「自律的・依存的援助要請における学習観とつまずき明確化方略の役割―多母集団同時分析による中学・高校生の発達差の検討―」『教育心理学研究』55, 170-183.
祐宗省三（1995）「発達と教育：本邦の大学生の授業中における無質問行動に関する心理学的研究（第1報）」『武庫川女子大学教育研究所研究レポート』13, 1-46.
山路茜（2019）『中学校数学科の授業における相互作用プロセス―援助要請を視点として―』風間書房.

第 5 章

"ゼミ"の遠隔化が
人間関係に与えた影響

―――――― 西野毅朗

はじめに

　2020年度，コロナ禍における授業の遠隔（オンライン）化は，講義科目だけではなく演習科目にも及んだ。人文・社会科学領域における代表的な演習科目がゼミナール（ゼミ）である。ゼミは「学生－教員間及び学生－学生間の緊密な対話によって知識・技能・態度を総合的に育成することを目指す少人数教育」と定義され，初年次教育としての初年次ゼミや教養教育としての教養ゼミ，専門教育としての専門ゼミ等に分類される（西野，2016）。特に初年次ゼミは79%，専門ゼミは98%の学科が実施していることが明らかになっており（西野，2020），ゼミ教育は同領域における学士課程教育の重要な位置づけにあるといえるだろう。

　あらためてゼミの定義を顧みるに，ゼミは「学生－教員間及び学生－学生間の緊密な対話」を媒介として多様な学習成果の習得を促そうとするものである。通常の対面ゼミであれば，授業内外において多様な対話が繰り広げられるものだが，遠隔化されたゼミにおいてはどうだったのであろうか。"緊密な対話"は実現できたのだろうか。

　そこで本章は2つの問いについて学生の声を元に明らかにしていきたい。1つ目は，ゼミが遠隔化したことにより，構成員のコミュニケーションはどのように変化したかである。ここでいう構成員とは，ゼミの指導教員であり，受講生である。2つ目は，今後のゼミについてどのような教育・学習形態を望むかである。遠隔授業を経験した学生たちは，一層対面形式を渇望するのか，はたまた遠隔形式のメリットを享受することを望むのか。これらについて学生の目線から明らかにし，コロナ禍如何に関わらず今後のゼミをどのように運営すべきかについても考察を試みたい。

　本章では「『コロナ禍における学生の学び』の質的調査」の協力学生20名の

うち，オンラインゼミ経験者13名（1年生2名，2年生3名，3年生3名，4年生5名）のインタビュー結果を分析した。分析にあたってはインタビューデータを分解し，そこから上記の問いに関わる108の語りを抽出し，それらを構造化する過程をたどった。

1．学生—教員間の関係性

まずゼミの遠隔化によって，学生—教員間の関係性はどのように変化したのか。授業内については，質問や発言がしにくくなったという消極的な声が占めた。その理由として，カメラ越しでは教員との距離を感じる，発言のタイミングが取りにくいことが挙げられた。

> 先生がしゃべってて，他の人も聞いてるっていう講義形式になって。私が質問している間，先生はそれに回答してくださるんですけど，他の人も付き合わせるというか，一緒に聞いてもらわないといけないというのが申し訳なくって。

というように，オンラインでは同時多発的なコミュニケーションが難しいため，自分の質問に他の学生を付き合わせるような感覚になり授業中は質問がしにくくなったことも挙げられた。この学生は，授業直後にわざとビデオ会議をつなげたままにして教員と個人的に話すようにしていたという。

授業外についても，授業内と同様に質問や相談がしにくくなったという学生がいる。

> 簡単にチャットでポンポンLINEとかだとできると思うんですけど，教授の先生にご連絡ってなるとやっぱりメール形式っていうのが強い印象で，オンラインで「先生，（LINEの）連絡先交換しましょうよ」みたいなのも言いにくいし。

> なかなか文章では伝えにくい所がある。私の語彙力もあるとは思うんですけど，うまく伝えられないっていうのがあって。表情とかでうまく伝わらないっていうのがあって，それは大変でした。

> 毎回メールして，「何日が空いていますでしょうか」ってなるのが，オン

ラインの弱さというか，きつさかな。

　対面授業であれば，その場で質問することができるが，遠隔授業ではそれができないため，メールでのコミュニケーションに頼ることになる。結果，文字に頼ったコミュニケーションになってしまい，うまく伝えられなくなる。かといって，直接会って話すためには日程調整をしなければならない面倒さや，即時性のなさが問題となる。
　一方，質問や相談がしやすくなったという学生もいる。

　ゼミの先生に関しては，結構，（質問が）増えたかなとは思います。先生のLINEの連絡先を教えてもらってるんですけど，やっぱり先生やし，なんかLINEはやりづらいなっていうのはあったんですけど。もうオンラインになったら，そんなん仕方がないっていう空気になってたんで。ちょっとした質問でもすぐにLINEできるようになって，結構，早くやり取りができたんで，そういう効率は良くなったかなとは思います。

　Zoomで面談してました。2週間に1回ぐらい。あと，別にしたいときに言ったら，全然やってくれました。

　自分が，質問したいですって聞いて，先生のほうから，「Zoomやるので，言われれば（ZoomのURLを）出すので」って言ってくれた。（括弧書きの補足は筆者）

　思い切って教員ともSNSを活用してやりとりしたことで，普段よりも積極的かつ効率的にコミュニケーションをとることができたのである。また，教員側もビデオ会議システムを積極的に活用することで，学生の表情や声を踏まえた面談ができるよう積極的に計らうと，学生も質問しやすくなる様子がうかがえる。さらに，

　先生も結構，今，卒論どんな感じ？みたいな感じで聞いてくれたりもするんで，すごくそれがモチベーションにもつながってるし，やらないとなっていう，その危機感にもつながってて進んでるという感じです。

というように，学生から教員へ働きかけるだけでなく，教員から学生に働きか
けることによって学習意欲を高めているケースもあった。

　最後に1点留意しておきたいのは，ゼミが遠隔化される以前の教員との関係
性が遠隔化後の教員とのコミュニケーションに影響する可能性についてであ
る。以前からゼミの教員と親しい関係にある学生は，教員に対する質問や相談
がしやすく，そうでない学生は，遠慮してしまうという様子も浮き彫りになっ
ている。

2．学生間の関係性

　翻って，学生間の関係性はどのように変化したか。まず授業内については，
そもそもの授業スタイルが問題となる。例えば，授業中は教員の講義を聞いて
いるだけ，授業後は課題を提出するだけというゼミもあったようだ。この場合，
学生もカメラをずっとオフにしており，他の学生の名前は知っているが顔は知
らないという状況であったという。

　グループワークを用いたオンラインゼミはどうであったか。この場合，お互
いのことを知っている学生同士であれば話しやすかったが，そうでない場合は
話しにくかったという。

　　よく知ってる人同士だったら大丈夫なんですけど，大人数でグループセッ
　　ションみたいなときは，ちょっと気まずくなるっていうか。

というように，グループワークの人数規模が大きくなると余計に話しにくい状
況になったようだ。ただしゼミによっては，遠隔授業の中でも積極的に学生同
士が雑談をする時間をとり，グループメンバーを適宜変更するなど積極的に学
生間の交流を促すことで，人間関係づくりに成功しているところもあった。

　　同じチームじゃない子とも，そのチームの子が別のチームの子と仲良く
　　なっていたりしたので，「この子，話してみると面白いよ」とか，そうい
　　う話を聞いていて。（中略）じわじわ広がった感じ。

というように，学生同士で同じゼミにどんな学生がいるのかという情報交換を
し，初対面の学生とグループになっても「〜さんから聞いてるよ！」というよ
うに，関係性を築いていったのである。授業外については，LINEをはじめと

するSNSを活用してコミュニケーションをとっていた。

　　困ったときは，ゼミのグループの人に聞いたり，あと，ネットで調べたりして。でも最終的には，ゼミのちょっとパソコンが得意な子に教えてもらって，自分のできなかったところも解決できました。

というように，遠隔授業で発生した問題を学生同士で解決しあっている様子が伺える。普段のコミュニケーションについても，

　　対面でやっていたことがLINEに置き換わっただけ

　　SNSが今，普及してるっていうのもあって，（InstagramやTwitterに投稿を）あげてる様子とか見れば，この間どこどこ行ってたねとか，何食べてたねとかっていうの分かるんで，軽くそういった近況の話をちょっとしたりとかはしてますね。

というように，授業前後に教室でしていた対面のコミュニケーションをLINEで代替したり，SNSの個人投稿を確認してゼミ生の近況を知り，雑談につなげていたのである。他にも，

　　図書館で一緒に研究するっていうことで集まったりとか，あとは課題を一緒にやるってことで電話つなげたりとかはしてたりとかはするんですけど。最近の事例だと，図書館で集まってちょっと一緒に課題やって研究して，そのついでに久しぶりに会ったし軽くご飯行こうかで，ご飯ちょっと行ってってって感じの流れとか（もありました）。（括弧書きの補足は筆者）

というように，SNSだけでなく，電話や，場合によっては直接会って一緒に課題に取り組んだり，食事に行ったりすることもあったようである。
　　しかし，このような授業外のSNSを主とするコミュニケーションは，人間関係ができている学生同士のみのことである。コロナ禍以前からの関係性を持たない学生は，孤立していくことになる。中には学生間の人間関係づくりのためにオンライン懇親会のような企画を試みた学生もいたが，実際にそれらが上手くいったという事例を聞くことはできなかった。

　ここまで説明してきたのは同学年の学生間，つまり横のつながりについてである。ゼミにおいては，異学年間の交流，すなわち縦のつながりも重視されることがある。しかし，

　　（ゼミの先輩と）一緒に授業を受けることもないし研究することもない。（括
　　弧書きの補足は筆者）

　　例年だと多分ゼミ合宿とかゼミ旅行とかやっていたみたいなんですけど，
　　コロナもあって，親睦を深めるとか先輩たちは何かしてくるとかってわけ
　　でもなく。多分このまま4年生は4年生，3年生は3年生でってなると思
　　う。

というように，授業内外における異学年間のコミュニケーション，つまり縦の関係はゼミの遠隔化によって断絶してしまった様子である。同学年間の関係づくりはもとより，異学年間の関係づくりにも配慮していかなければ，学年を超えた学び合いの環境づくりは難しいだろう。

3．これからのゼミはどうあってほしいか

　コロナ禍が収束したとして，これからのゼミはどうあってほしいかという問いに対する回答は6つのパターンに分かれた。

　第1に「対面」希望である。質問のしやすさ，話しやすさ，グループワークのしやすさなど，とかくコミュニケーションの取りやすさが理由としてあげられる。個別指導が中心となる卒業論文の執筆過程においても対面を希望する学生が存在する。

　　卒業論文はおのおの別のテーマで書いてたので，結局，質問をしながら，
　　より内容を深めていくっていう形だったので。指導っていう形でも対面の
　　ほうが私はやりやすかったっていうのはあります。

　第2に「遠隔」希望である。理由の1つは，プレゼンテーションのしやすさである。プロジェクターで映写したりプレゼンテーションのデータをメールなどで共有しなくとも，ビデオ会議システムの画面共有機能を活用すれば簡単にスライドを教員と全学生に共有してプレゼンテーションができる。

下に台本を置いておけば，画面のみんなの目線を見ながらしゃべれるんで，
すごいありがたいかなって思う。

というように，聴衆とのアイコンタクトのしやすさも挙げられた。また，

　他のゼミとかやったら，ただ単に授業聞いて，レポートして，発表してと
かあるらしいんで，その授業やったらオンラインのほうがいい。

　卒論なんで，個人で進めていくことなんで，別にみんなで集まっても何も
することはない。

というように，あえて対面でしなくてもできる授業であるならば遠隔の方が効
率的で良いという理由もある。卒業論文の個別指導について，対面の方が良い
とする学生と，遠隔の方が良いとする学生にわかれたことは興味深い。
　第3に「ハイブリッド」希望である。対面の良さと遠隔の良さを上手く組み
合わせてゼミを展開してほしいという希望だ。具体的には，

　それ（オンライン）だと友達同士の交流が全くないんで，そういう機会を
つくることに関していったら，多少は対面もあってもいいかなとは思うん
ですけど。別に授業に関しては，オンラインでもいいかなとは思います。(括
弧書きの補足は筆者)

というように，共同体側面は対面で，学習側面は遠隔で築き上げていくという
希望を持っている。
　第4に「ハイフレックス」希望である。これは，学生が対面受講と遠隔受講
のどちらか好きな方を選べるというものである。

　都合がつくというか，選択の自由があるほうが僕も嬉しい。用事があるか
らオンラインで家でやったりとか，気分転換で外行きたいな，先生と会い
たいなっていうときは対面でっていうような自分勝手に選べるような形が
嬉しいですね。

というように，自分の都合で自由に選択したいという学生はハイフレックス型を望んだ。

　第 5 に「対面か遠隔のどちらかが良い」というもので，言い換えるならば反ハイフレックス希望である。その理由が興味深い。

　　エンジョイしてるグループとエンジョイしてないグループが多分どこ（のゼミ）にもあると思うんですけど。対面とオンラインやと（が併存すると），対面でエンジョイしてるグループはエンジョイして，オンラインでエンジョイしてないグループが孤立するっていうのが生まれるっていうか。自分やったらオンラインに走って，交流を交わさなくなっちゃうと思うんで。その危惧っていうか，そうなるから嫌やなっていう。（括弧書きの補足は筆者）

　つまり，対面を選ぶ学生と遠隔を選ぶ学生の間に関係性の格差や溝のようなものが生まれてしまうのではないかという危惧から，ハイフレックス型は望まないのである。

　第 6 に，こだわりがないという意見である。従来の対面に対するこだわりもなく，かといってこの方法が望ましいという要望もないという学生である。

おわりに

　本章における 2 つの問いに対し，この調査で得られた知見を整理したうえで，これからのゼミが考えるべきことについて考察を述べたい。

　第 1 に，ゼミが遠隔化したことにより，構成員のコミュニケーションはどのように変化したかについては，授業内と授業外で様子が若干異なった。授業内においては，学生―教員間も学生―学生間もコミュニケーションが取りにくくなっている。それは，質問のしにくさやグループワークのしにくさに現れている。

　一方，授業外におけるコミュニケーションは，以前より良くなった，変わらない，悪くなったという 3 者に分かれている。以前より良くなった，あるいは変わらないとする学生は，これまで対面でやってきたコミュニケーションをSNSやビデオ会議システムなどで代替することにより，効率的に実現している。彼らに共通するのは，遠隔化以前に教員や学生との関係をつくることができていた者，あるいは教員による授業の工夫によって，遠隔ゼミの中でも関係性を

つくることに成功した者である。逆に遠隔化以前に関係をつくることができておらず，授業内においても関係性をつくることができるような工夫がされなかったゼミの学生は，授業外においても教員や学生とコミュニケーションが取りにくくなったのである。そして，同僚という横の関係はもとより，先輩・後輩という縦の関係づくりは，対面のイベントや合同授業がなくなることによって一層困難になったことも示された。

　第2に，今後のゼミについてどのような教育・学習形態を望むかについては，多様な希望があることが明らかになった。遠隔ゼミを経験したことによって，対面ゼミと遠隔ゼミそれぞれのメリットやデメリットを体験的に理解したことや，学生自身がゼミに求めることの違いが現れた結果といえよう。関係性づくりについては対面ゼミの方が優れているが，講義の拝聴やプレゼンテーションだけであれば遠隔ゼミでも十分代替でき，むしろ対面ゼミよりも効率的と考えられる。個別指導の形態については，学生によって好みの分かれるところである。

　以上を踏まえ，今後のゼミはどうあるべきだろうか。もちろん安全・安心な教育・学習の場づくりの観点から遠隔ゼミにせざるを得ないという時期もあるだろう。一方，コロナ禍が収束したとして，すべてを元の姿（対面）に戻すべきだろうか。逆にすべてを遠隔のまま継続するという選択もある。対面と遠隔を組み合わせることもできるだろう。重要なことは，ゼミが目指す姿に対して，最適な手段を教員自身が時に学生と相談しながら考え直すことではないだろうか。その際，ゼミの特徴でもある共同体側面と学習側面の両側面を築きつつ，より質の高い学びを実現できるような学習共同体へと発展させるための工夫として，遠隔ゼミを通じて学んだ様々なICTツールを授業内外で活用していくことを検討したい。

　2020年度は是非もなく授業の遠隔化を余儀なくされたが，この経験はゼミの伝統的なあり方の「変えるべき点」と「変えざるべき点」のヒントを多くの教員に示したことだろう。これからの時代を生き，創っていく学生にとってベストなゼミのあり方を問い続けたい。

参考
西野毅朗（2016）「ゼミナール教育の発展過程と構造に関する研究」同志社大学大学院社会学研究科博士学位論文.
西野毅朗（2020）「人文・社会科学領域におけるゼミナール教育の実態に関する全国調査（中間報告）」大学教育学会2019年度課題研究集会要旨集, 59.

第6章

コロナ禍におけるオンライン授業：
本当に学んでいたのか

———— 山路茜

はじめに

　2020年度に多くの大学の授業はオンラインを活用して実施された。4，5月には手探りで授業がスタートした。7月には学生のオンライン授業に対する不満の声が報道やソーシャルメディア上で相次いで目にされるようになった（山内，2021）。夏休みには大学に対する対面授業再開に向けた動きが加速した。9月15日付で文部科学省から発表された後期等の授業の実施方針に関する調査結果では，「ほぼ全ての大学が対面授業を実施。うち8割が，対面と遠隔の併用を予定」となった（文部科学省，2020）。

　インタビューが実施された10月下旬から11月初旬は，学生の耳にオンライン授業に関する賛否の意見が様々な情報源から入りつつ，自分の大学の方針が発表されたところである。前期等のオンライン授業の成績は把握した上で，後期等の授業がオンラインで継続，あるいは一部で対面授業が再開されて始まっている。このような状況下で学生は様々な媒体から届く意見ではなく，自分の本音としてオンライン授業をどのように受け止めていたのだろうか。

1．学びの場としての認識

　第3章の課題や第4章の質問行動のようにオンライン授業の要素に焦点をあてた学生の意識や行動の探究では，学生のコロナ禍における学びの様相が具体として明らかにされる。一方で学生が本当に学んでいたかは検討の範疇を越える。授業が学習の場であるからには，学生にとってオンライン授業が学びの場となっていたかを考えることは不可欠である。

　本書はコロナ禍における学生の声を掬う試みであるため，本章では行動や成果からではなく学生の認識から本当に学べていたかを明らかにすることを目的とする。そこで2つの側面に分けて検討を進める。第1に，授業に対する学生

の価値判断である。オンライン授業を受講した感触としてオンライン授業がよいと思うか対面授業がよいと思うかを言語化してもらった。どうあるべきという考えではなく個人の考えに向き合う作業として捉える。第2に，オンライン授業に対する自身の取り組みが集中して意欲的であったかの判断である。学習成果を客観的に明らかにはしないが，学生がオンライン授業を学びの場として捉えることができていたかを表す一つの手がかりと考える。この2側面の振り返りに基づきオンライン授業で学生が本当に学べていたかを探ってみたい。

2．分析の枠組み

「集中して（意欲的に）受講できたか否か（その理由は？）」の設問について，インタビュアーはガイドに掲載された次の教示文に基づき，学生との話の流れで柔軟に尋ねた。「新聞やニュース，学生への調査結果などを見ると，コロナ禍での大学での学びについて様々な意見があります。特に，オンライン授業について賛否両論ありますが，あなたは今回のオンライン授業を受けてみて対面授業がよいと思いますか？それともオンライン授業の方がよいですか？」「対面授業 or オンライン授業がよいと思う理由を教えてください。」

7大学20名の学生のインタビュー記録から上記の質問に対する回答を中心に全体を見渡して対象となる語りを抽出した。インタビュー中，学生はオンライン授業の価値判断を数回求められた。大学の決定という個人の判断と異なり得る質問への回答は本章の分析対象としていない。学生がオンライン授業の受講経験から感じた内容が語られた箇所を対象とした。

学生の経験的な授業に対する価値判断とオンライン授業に集中して意欲的に取り組めたかという認識との関係に着目して分析する。なお，学生の名前はすべて仮名とし，この仮名は第4章と同一である。

3．授業の価値判断に対するゆらぎ

学生の語りをくり返し読み，授業に対する経験的な価値判断を帰納的に分類したところ，［対面がよい］が6名，［対面がよいがオンラインもよい］が6名，［どちらともいえない］が1名，［オンラインがよいが対面もよい］が3名，［オンラインがよい］が4名となった。

［対面がよいがオンラインもよい］と語った学生は，基本的に対面授業がよいが，大人数授業など授業形態によって，または就職活動の柔軟性を広げるためにオンライン授業をオプションとして残したり，対面授業にオンラインの良

さを混ぜたりすることを良しとしていた。［オンラインがよいが対面もよい］と語った学生は，基本的にオンライン授業がよいが，精神衛生上，または友達との関係づくりのために数回は対面授業があることを良しとしていた。［どちらともいえない］学生は，対面授業で楽しさやコミュニケーション力の向上が得られること，オンライン授業で緊張感によって集中でき，時間を自分で管理できることなど双方の良さを語った上で，「ちょっと答え出せないっすね。すいません。」と締めくくった。

　また，オンライン授業に対して集中した意欲的な取り組みができたかを語りから帰納的に分類したところ，＜集中できなかった＞が10名，＜一部は集中できた＞が5名，＜集中できた＞が5名となった。＜一部は集中できた＞というのは，始めは集中できなかったが後から慣れた，興味の有無で集中が異なった，講義は集中したが課題は投げやりだった，集中できなかったが意欲はあって課題はやりやすかった，人数が少なければ対面以上に集中したが人数が多ければつまらなかったとそれぞれの様子が語られた。

図表6−1　オンライン授業経験をふまえた授業の価値判断とオンライン授業への集中度（人数）

		オンライン授業への取り組みの集中（意欲的）度合い		
		集中（意欲的に）できなかった	一部は集中（意欲的に）できた	集中（意欲的に）できた
価値判断	対面がよい	4	2	0
	対面がよいがオンラインもよい	3	2	1
	どちらともいえない	0	1	0
	オンラインがよいが対面もよい	1	0	2
	オンラインがよい	2	0	2

　学生の授業に対する価値判断とオンライン授業での集中度合いの関係を整理したのが上の図表6−1である。分析前には，オンライン授業に集中できなかった学生は対面授業をよいと判断し，オンライン授業に集中できた学生はオンライン授業をよいとする傾向をある程度予想していた。言い換えると，表の左上と右下を結ぶラインを中心に学生は点在し，経験だけに依らず元々の授業に対する価値観が反映されて多様性が広がると考えられた。予想と結果を比べると，＜集中できなかった＞学生の内の2名が［オンライン授業がよい］と判断していることが特筆すべき点として明らかになった。

　そこで，対面授業とオンライン授業の良し悪しに関する学生の価値判断の理

由や取り組みの様子を詳細に明らかにするために，判断の特徴が明確であった［対面がよい］とする＜集中できなかった＞学生４名，［オンラインがよい］とする＜集中できた＞学生２名，そして＜集中できなかった＞が［オンラインがよい］とする学生２名の語りに焦点をあてて検討を進める。

４．対面授業がよくオンライン授業に集中できなかった学生の認識
（１）受講環境やスタイルの問題

　オンライン授業で集中できない理由の一つに，対面授業と異なる環境や習慣に対する葛藤がみえた。１年生の高橋さんは次のように語った。

　　授業受けてる環境が自宅のパソコンなんで，普段，ずっとゲームとかしてるんですけど，それと全く同じ場所で，全く同じ格好でやるんで，そこでオンオフがつきにくいなっていうのありますね（高橋）。

　専門科目であれば教員に個別面談を申し込むようで，高橋さんに学習意欲がないわけではない。興味の程度により意欲の低下がオンオフをつけにくい環境によって引き起こされたと捉えている。同じく１年生の鈴木さんも受講スタイルに慣れないことで集中しにくかったと語った。

　　オンラインっていうものにも慣れないまま，大学の授業の内容をちゃんと理解してっていうのが，そのスタイルが慣れなくて，あんま集中できなかったですね（鈴木）。

　２名とも１年生であり，大学での受講スタイルが確立されないままオンライン授業を経験している。語りは戸惑いの表れかもしれない。鈴木さんは，「一緒に授業に対しても，すごい，仲間がいるから頑張れるじゃないですけど」と胸の内も明かしており，学習意欲が仲間とコミュニケーションをとることで成り立つと捉えていることも窺えた。受講環境から意欲の維持が難しく対面授業をよいとする価値判断の間にも，普段遊ぶ場所という意欲を下げる要因との葛藤，仲間の存在という意欲を上げる要因がないことの葛藤という学生なりの違いがあることが垣間見えた。

（2）信頼関係と理解の問題

　期待する質の学びが得られるか否かで授業の価値判断をしていることもみえた。3年生の加藤さんは対面授業の方が求める質で学びが得られるという考えを率直に表現した。

　　勉強したいからお金を払って学校に行ってるというわけなので，（中略）お金払って得るものって考えると明らかに質とかは，学びの，受け方とかの分かりやすさとかも断然的に，絶対，対面のほうがいいなっていうのはすごいあって（加藤）。

　加藤さんはコロナ禍以前に，教室で生まれた疑問について友人と言葉を交わし，さらに教員に尋ねて質を上げるなどの経験を持っているが，授業のオンライン化で質問行動は控えられるようになった（第4章参照）。質問は一例に過ぎず，教室で得られていたのと同質の学びをオンライン授業で受けられないと認識されている。実際，意欲的に取り組めなくなった気持ちを吐露している。

　　オンラインだと結局先生も非日常でこんな今までにない事例の中，授業をしなくちゃいけないから，（中略）こいつ正しい答えできてねえけどしょうがないかってなるんじゃないかなって思う自分がいるので，それに甘えてそこまで深く掘り下げなくてもいいやって甘えちゃうところがありますね（加藤）。

　授業課題に取り組むにあたり，もっと掘り下げて考えた方がよいとわかっていながら，課題を受け取る教員の置かれた境遇を想起し，非日常の負担の中では平時と同様の質で指導してもらえないのではと考えて妥協したという。教員と顔を合わせている緊張感，会話ができてお互いのことを知っている信頼関係があることで意欲的な学びにつながると捉えていることがわかる。
　質問しやすさが授業の良し悪しを分けるとした3年生の松本さんは次のように語った。

　　一番対面授業のほうがいいなって思う理由が，質問がしやすいっていう。（中略）先生に質問したり，友達と相談して分からないとこ教え合ったりみたいなのが，オンラインだとなかなかハードルが高くなるので（松本）。

松本さんはオンライン授業で教員や友人への質問しにくさを感じている（第4章参照）。そして質問のしやすさが対面授業をよいとする最も重要な理由とされている。質問のしにくさは教員が学生の理解を把握できない点で意欲の低下につながった経験も語られた。

　　オンライン授業だと，先生側からこちらの様子って見えないじゃないですか。そうなると，結構先生のペースでどんどん進めていくっていうのが多くて。（中略）それがなかった分，どんどん分からなくなっていって，意欲も下がっていくっていう状況になった部分はありますね（松本）。

　対面授業だと教員から理解度をある程度確認してもらった上で学べていた感覚を持っていたが，松本さんの経験ではオンライン授業になってペースが速くなったようである。学生の理解度が反映されないことでわからなくなり，わからないことで意欲が低下したという。実際に小レポートに取り組む際に「分かってないけど，取りあえずで解いて出すっていう感じになって。」と学びの質が落ちたと認識していることも付け加えていた。

　対面授業で構築できる教員との信頼関係や，理解に対する教員との相互作用的な機会が得られないと感じることで，それまでの意欲が低下して妥協したという意味で，オンライン授業は期待通りの学びを得られる場ではないとの認識が生まれていた。

5．オンライン授業がよいとするオンライン授業に集中できた学生の認識
（1）遊び時間との緩急

　［オンラインがよい］とする＜集中できた＞学生2名とも，時間を有効に使えると感じたことが集中を生み出していたという。通学時間を遊びの時間にあてた2年生の小山さんは，集中につながった理由を次のように語った。

　　登校時間が減って普通にゲームの時間を費やして。でも，しばらくしたらやることもなくなるんで，授業の時間は授業の時間でしっかりとやることをやって，その後は遊ぼうかなっていう感じで。だから，時間が増えた分，ちゃんと授業に集中できる時間が増えたかなと（小山）。

　通学の分を遊びに費やしたものの小山さんは遊び続けたわけではない。遊び

が増えたことをある種満足感と捉え，自分がやるべきこととのバランスをとったために授業時間は今まで以上の集中が生み出されたようである。

2年生の阿部さんも今まで以上の集中の経験を語った。まず，対面授業では友人と遊んでいたが，自宅で一人になって集中した取り組みが生まれたという。また授業時間の捉え方が対面とオンラインで異なった。対面授業は時間割が決まっているが，オンライン授業は「やれば終わる」もので，「ささっと終わらせて，ささっと遊ぼうかみたいな気持ち」を持ったという。時間を自分で調整できると感じたことが集中力を上げることにつながっていた。

両名の経験からは，オンライン授業の受講スタイルが遊び時間との緩急という点で確立できたことから，自分の対面時の受講態度に比べて集中度が増したことでオンライン授業をよいとする考え方が生み出されたと考えられる。

（2）好みの学習スタイルとの合致

授業デザインに対する好みも垣間見えた。小山さんは「すぐ緊張するタイプ」であり，対面授業で発表する際よりも画面上で発表する方がやりやすかったという。特に「気持ち的にも集中しようって気に」なったのは同時双方向型の授業であり，「いろんな人の意見もすぐ聞けるんで」と価値づけられた。対面だと緊張するためにオンライン授業で得られた経験と受け止められる。画面を通すことで話すことに抵抗が減り，意見を聞きながら受講することで集中する姿勢が生まれたことがわかる。

阿部さんは「一問一答の勉強の仕方が好き」であり，講義を受けて課題を提出して点数が積み重なるオンライン授業に受講しやすさを感じていた。

> このときは授業を聞いて，ノート取って，最後のレポートって感じだったんですね。終わるたびに，理解できてますかみたいな感じで，マルバツがある授業とか，覚えやすいっていうか，やりやすいですね（阿部）。

阿部さんがこのスタイルにやりやすさを感じた一つの要因が，通信制の高校の出身でオンライン授業そのものに対する驚きがなかったからだという。ただし集中して取り組めたものの「達成感はなかった」と指摘しており，単位をとっただけだと振り返っていた。然るべき材料がある上でフィードバックがあるとより理想的な授業だというが，対面授業時の自身の受講態度と比べてオンライン授業がより集中して学べる場だと捉えられていた。

6．オンライン授業に集中できなかったがオンライン授業がよい学生の認識
（1）サボっても咎められない状況

　＜集中できなかった＞が［オンラインがよい］とする学生2名とも，サボっても咎められない状況に言及していた。オンライン授業になり成績が下がった2年生の中田さんは，半分は自分のせいであると，授業をまともに聞かないことで身にならないことで課題もわからない負の循環があったと振り返った。

　　　カメラとマイクは質問があるときだけ，みたいな授業ばっかりやから，基本的に何しててもばれないんですよ。携帯いじってようが，寝ていようが，マンガ読んでようが，みたいな（中田）。

　中田さんは同時双方向型の授業で画面をつないでカメラを切ったまま自宅の様々な誘惑に負けたことを率直に語っている。オンデマンド型での同様の経験を4年生の石川さんは「ベッドでゴロゴロしながら，寝る前に見て」いたといい，「でも，それは別に怒られることもないですし」と付け加えていた。専門科目の履修が済んだ後に自ら受講した教養科目での経験であるが，結局は気持ちが切れたという。真面目に授業を聞くか否かは聞かないと怒られる状況であるかに依存していたこと，また成果を示す評価対象のレポートに直結する箇所を選んで動画を視聴するなど行動を調整したことがわかる。

　強制されたり目を向けられたりしないと意欲がわかない心理は，中田さんの「どっちかっていわれたら，楽なほうに流されちゃうんで，オンラインかなってなりますね。」という語りからもみえる。身になるのは対面授業であると自分でわかっていながら，「オンライン楽やし，登校，面倒くさいし」という正直な気持ちを吐露している。

　一方，石川さんがオンライン授業をよいとする理由は授業に手を抜いた点は共通するが，時間を生み出すためとする点は異なっている。人との直接交流がないオンライン授業の継続で集中力を保てない人が想定される中，石川さんは「他の資格の勉強とかをできたので，自分の時間を多くつくることができた」と，それを否定していた。授業動画を夜に見ていたのは昼間に資格の勉強をしていたからであり，時間を自分で管理できる理由でオンライン授業がよいとしていた。学生によって必ずしも授業が学びの場と思えることがその授業を良しとする判断に直結せず，通学の負担や資格の勉強など授業以外の要因が介在することもあった。

（2）理解につながるための仕組み

　オンライン授業に集中して意欲的に取り組めないことに対して，両名は授業の仕組みに触れて考えを述べていた。石川さんは課題への取り組みに対して「トータルの力は付かない」と考察した。この指摘は課題が実力の確認になるものではなかったことを示す。

　　　トータルを聞かないで，全部飛ばして，そこだけをスライドを出してそれを見てとか聞いたりとかして，バーッとレポートを書いてっていう感じやったんで。実際，その授業を聞く時間っていうのはもう5分とか10分で，レポート書いてみたいな感じだったんで（石川）。

　本質的には課題ができなければ講義を理解できていないという関係が成り立つと考えられる。石川さんの経験では課題に必要最低限の箇所を探し当てて動画を一部視聴し，レポートをこなす作業で学習を終えている。踏み込んだ表現をすれば，一部の視聴だけで特に深い思考が伴わなくても点数がとれる課題のデザインであったことを石川さんは指摘している。

　課題の問題は繊細である。急きょ実施を迫られたオンライン授業の制約もあり，また背景の学問や科目の性質，授業回のテーマに依存することも考えられる。ただし，授業の目標を達成するために授業をデザインする意識は対面でもオンラインでも変わらない（村上, 2020）。これからは状況が許す範囲で最大限，学生が取り組む必然性を感じられる課題デザインを工夫する重要性は示唆されるといえるだろう。

　また中田さんは，興味がある専門科目の経験で資料配信型での質問しにくさを理解に至らなかった要因として認識していた。

　　　紙に設計図描かなあかん授業みたいなのがあったんですけど。前期は映像も何もなしで，パワーポイントでここはこうするんですよみたいな感じのこと書かれとるだけやから，分からんところは本当に分かんなくて。／対面やったらここが分からないですって指さしたりなんか，身ぶり手ぶりも交えて聞けるところがあるんですけど（中田）。

　図や作業に対するわからなさは，指差しなど動作を伴うと聞きやすい。資料上の該当箇所を共有しながら聞ける人が同じ空間にいない環境が質問しにくさ

を生み出していた。製図の課題に対しては5，6時間かけて取り組んだものの，教員にメール作成を試みても質問内容を的確に説明できず，説明資料が丁寧に作られていると感じるがゆえに資料に書いてあると返事されそうと感じて教員に聞けなかったという。

　解決は容易でない。学生が質問しにくい題材ならば，教員も学生に説明しにくい中で試行錯誤して授業をデザインしたと想像される。例えば，文章で質問を表現しがたい場合に写真をとって送るよう指示するとか，教員が対応しきれない場合は履修者どうしで相談できる場を設定するとか，文脈に適した教員と学生相互の歩み寄りが必要になるかもしれない。オンライン環境ゆえに質問できないことでわからなさを生み，わからないことで意欲が下がり，オンライン授業を学びの場と捉えられなくなる様子がみえた。

7．これからの授業に求められること

　オンライン授業で学生は学んでいたのかを探索的に語りからみてきた。まず，コロナ禍以前の学生自身の授業への取り組みと比較してオンライン授業が学びの場となっていたと捉えた学生も確かにいた。しかしそれは，オンライン授業がよいと判断する学生の全てではない。意欲的に取り組めた学生もそうでない学生も，好みのスタイルや時間の管理の点で集中度に違いが生まれたが，自分の身になっているかは自問していた。

　また，対面授業の経験を基準に求める質の学びをオンライン授業で得られないと捉える学生が客観的に学べていなかったとも結論づけられない。授業に真面目な態度で臨まなかったというより，重要な点は対面授業であればできたはずの学びを自分が遂行できなかったと認識している所にあるといえるだろう。

　最後に，意欲的に学べるか否かと質問行動との関連を指摘したい。4章の表で教員と友人の双方に対して質問量が〔減った〕4名と，本章で［対面がよい］とする＜集中できなかった＞4名との間で加藤さんと松本さんの2名は一致している。また，4章で教員と友人の双方へ質問量が〔増えた〕5名の内，本章で［オンラインがよい］とする＜集中できた＞2名は，小山さんと阿部さんで一致している。オンライン授業に集中して意欲的に取り組めるか否かに，オンライン授業での質問のしやすさの受け止め方が一定程度影響していると考えてよさそうである。

　本章では対面授業とオンライン授業の良さを混ぜることをよいと判断する学生の語りを十分に取り上げられなかった。どのような混ぜ方がなぜよいと考え

るかを詳しく聴けなかったためである。これからの授業は，物理的キャンパスが授業以外に学生に提供していたものにも目を向けて再考することが必要である(村上, 2020)。学生が授業時間に限らず質問しやすい仕組みづくりについて，教員と学生の双方に対して支援することが今後問われるのではないだろうか。

文献
文部科学省（2020）『大学等における後期授業の実施方針の調査について』(https://www.mext.go.jp/content/20200915_mxt_kouhou01-000004520_1.pdf)（2021年9月17日）
村上正行（2020）「コロナ禍における大学でのオンライン授業の実情と課題」『現代思想』48（14），67-74
山内祐平（2021）「コロナ禍下における大学教育のオンライン化と質保証」『名古屋高等教育研究』21, 5-25.

第7章
コロナ禍における
オンライン授業：続けるべきか

——————————————————————————— 上畠洋佑

はじめに

　「『コロナ禍における学生の学び』の質的調査」（以下「コロナ質調査」）を実施した当時，筆者は所属していた大学において大学全体の教育を実務的に統括する副学長（学務担当）を支援する役割を担っていた。その中で，新型コロナウイルス感染症対策を踏まえた令和2年度の授業実施に関する基本方針と授業実施ガイドラインの原案作成，全学的調整，策定までのプロセス全般を担ってきた。この基本方針とガイドラインでは「非対面」での授業を実施することを原則しており，その方法の一つとしてオンライン授業ができるようにクラウド型 Web 会議システム Zoom を全学で一括契約し導入した。

　コロナ禍を克服しうる Zoom を用いたオンライン授業という新しい教育システムを全学的に整備できた一方で，学生がオンライン授業についてどのような思いであるのかを明らかにすることは実務上の重要な問いであった。政府や社会が大学に対して，対面型授業を実施すべき，拡大すべきという声が多くあがる中で，各大学はその声に気圧されることなく，まずは大学教育における学びの主体である学生の生の声をしっかりと掬い上げることが最も重要であると考えていた。この思いがコロナ質調査における本章で論じる RQ につながったのである。

1．オンライン・対面授業に対する学生の様々な考え
（1）分析結果の概要

　本章で論じるコロナ質調査における RQ は「オンライン授業は続けるべきか（その理由は）」である。インタビューガイドに記載した学生への質問の仕方は次の通りである。「令和2年度中に新型コロナウイルス感染症が収束した場合を想定してください。令和3年度以降はオンライン授業を続けるべきと考えま

すか？　それともやめるべきだと考えますか？　また，そのように回答した理由について，詳しく教えてください。」

　一般的に質問はクローズドクエスチョンかオープンクエスチョンに分けられる。この質問では「オンライン授業を続けるべきか」「オンライン授業をやめるべきか」という回答を限定した形式で聞いているためクローズドクエスチョンであるといえる。このような問いかけであったため，20名の調査対象学生は，**図表7－1**の通りオンライン授業を続けるべき派，対面授業にすべき派，オンライン・対面授業混合派，その他の4つに分けることができた。なお，その他に分類した学生の考えは「対面・オンラインどちらでもよい」「判断不能」「必修科目のみ対面」というものであった。

図表7－1　調査対象学生まとめ

学年	オンライン	対面	混合	その他※	計
1年生		4	1		5
2年生	1	1		3	5
3年生		3	2		5
4年生			4	1	5
計	1	8	7	4	20

※「対面・オンラインどちらでもよい」「判断不能」「必修科目のみ対面」

　この結果からオンライン授業を続けるか否かについては20名の学生でも多様な意見があることが示された。その内訳としては，オンライン授業派の学生は1名，対面授業派の学生は8名，対面・オンライン授業混合を希望する学生は7名，対面，オンライン授業どちらでもよい学生は2名，対面授業かオンライン授業か判断がつかない学生が1名，必修科目のみ対面授業派の学生が1名である。20名でさえこのような多様な学生の意見があったという本調査結果を踏まえると，オンラインか対面かという二項対立的思考を越えて，大学人は考えていくことが重要であるだろう。

　それでは，4つのタイプの学生について，学生の実際の発話を示しながら，学生それぞれの考え方について整理していく。ここでは質的研究法におけるコーディング等は用いずに，それぞれの発言について丁寧に解釈・考察していく方法で論じていきたい。

（2）オンライン授業派の声

　オンライン授業派の学生は1名であった。この学生は匿名化して2年生Aと

表現し，以降全ての学生も「学年＋アルファベット」という同様の記載で学生を匿名化して表記していく。

　2年生Aはインタビュアーのオンライン授業を続けるべきかという問いかけに次のように答えた。

　　個人的な面で言うと，オンライン授業が合ってるからでもあるし，何だろう，社会的っていうか，客観的に見ると，時間っていうか，対面と授業の量としては，多分少なくなったっていうか，無駄がなくなったっていうか，必要な授業っていうか，何て言ったらいいんですかね。90分の授業がレポートとか動画でまとまるってなったら，その分何か新しいこともできるじゃないですか。有効活用ができる部分があるから，オンライン授業を勧めたいですね（2年生A①）。

　2年生Aがオンライン授業を続けるべきと考える理由は，この発話から要約すると，オンライン授業になることによって無駄がなくなり有効活用できる時間が増えるメリットがあると捉えているようである。具体的にオンライン授業に変わることによって，これまでの対面授業がどのように効率化されるかについては，2年生Aは言語化できていないが，1年次に受講した対面授業での経験を踏まえてのオンライン授業に対する肯定的な考えであることが読み取れる。ただ，本書第3章で服部が指摘したように2年生Aが大学における単位制度と学修時間を理解した上で「90分の授業がレポートとか動画でまとまる」といっているのかは，このインタビューでは明らかになっていない点には留意する必要があるだろう。

　また，冒頭での「個人的な面で言うと，オンライン授業が合ってる」という発言については，インタビュアーが深堀りした質問をすると次のように2年生Aは発言している。

　　夜型だから，朝に登校しなくていいっていうのもあるし，学校以外，平日出掛ける要素はないんですよ（2年生A②）。

　大学教育の現場でも，開始時間の早い1限目授業を多くの学生は受講を避ける傾向があることは筆者も経験則として認識している。このような大学生のライフスタイル傾向を読み取り，1限目に必修科目を配置するなどの教学運営は

現実的に行われている。

　以上2つの発話をまとめると，2年生Aにとってのオンライン授業における効率化とは，通学準備から大学までの移動など受講までに到達するためのコストの効率化を示しているのではないかと考えられた。

（3）対面授業派の声

　分析にあたって対面授業派の学生について注目した点は学年別の人数である。1年生は5名中4名，3年生は5名中3名と半数以上を占めたのに対して，4年生は対面授業派が一人もいなかった。以上を踏まえて学年順に，それぞれの学生の発話を示しながら論じていきたい。

　まずは1年生Aの発話を以下に示す。

　　コロナでなければオンラインじゃないほうが，やっぱり，グループワークとかしたときに，直接会ってやるのとオンライン上でやるのでは，内容の濃さが違うかなっていうのが一番なのと，やっぱり，対面のほうが，自分的には授業をやった感があったり，先生から見て，オンラインだとちょっとさぼったりするんですよ，生徒は絶対に。なので，やっぱり対面のほうがいいのかなっていうのは感じます（1年生A①）。

　1年生Aは対面授業派である理由を「グループワークの内容の濃さ」「授業をやった感」「オンライン授業はさぼる」という言葉で表現している。この学生の発話，特にオンライン授業ではさぼってしまう点についてインタビュアーが「対面のほうが，見られている感じがするということかな」と質問すると，次のように述べている。

　　そうですね，対面のほうが見られている感じはします。オンラインで，映像だけのやつをきちっと座ってやることが，多分，例えば，途中で止めたりできるんで，ちょっと嫌だなと思ったりしたらぱっと抜けたりして，抜けるというか，止めて，同時並行していないやつは，席を離れて勝手に止めたりできるんですけど，授業中はそうじゃなくて，ずっと90分座っていて，ちゃんと集中して受けることができるので，僕は対面のほうがいいかなっていうのは感じました（1年生A②）。

以上の１年生Ａの発話を整理すると，対面授業には学生の受講態度を律する性質があり，オンライン授業にはこの性質が欠けているものであると１年生Ａは捉えていることがわかる。また対面授業には，大学のキャンパスや教室などでのリアルな学習環境が学生に与える，言語化できていない何かしらの効果があることも示された。

　次に１年生Ｂの対面授業派である理由についての発話を以下に記載する。

　　今，○○科目の●●先生とか，１人で永遠に◎◎分野の話をしてるんですよ。（中略）だったらもう，□□先生みたいな，小グループつくってしゃべるとかだったら，めちゃくちゃ対面だと話しやすいし，そのほうがよかったなって思います（１年生Ｂ①）。
　　（下線部は１年生Ｂのプライバシー保護のため発話内容を損ねないように筆者が固有名詞を書き換えた）

　　■■科目とかだと，（大学生になって）初めて聞く内容じゃないですか。それを，内容は同じなんですけど，パソコン上で聞いてるのと直接聞くのでは理解するのが，なんとなくですけど対面のほうが入ってきやすい気がするんで。だから，新しく知ること，大学でしか学ばないことは対面のほうが，なんとなく大学生感もあるし，こっちのほうがいいかなと思います（１年生Ｂ②）。
　　（下線部は１年生Ｂのプライバシー保護のため発話内容を損ねないように筆者が固有名詞を書き換え，また括弧書きで補足説明を追記した）

　１年生Ｂは，授業中のグループワークは対面の方が話しやすいことを主張している。また，同じ授業内容をパソコンの画面越しで聞く場合と，対面で聞く場合との差異を「対面の方が入ってきやすい気がする」と表現し，さらには，「新しく知ること，大学でしか学ばないことは対面のほうが，なんとなく大学生感もあるし，こっちのほうがいいかなと思います」と述べている。この発話についてインタビュアーが「面白いね。集中できるのかね，対面のほうが。」と１年生Ｂにコメントを返すと，１年生Ｂはインタビュアーの言葉に同意を示しながら「雰囲気とかもあります」「みんな勉強してるし」「みんな横にいるし」と言葉を重ねていた。

　対面授業にはリアルな学習環境が学生に与える何かしらの効果があることに

ついて先に述べたが，1年生Bの発話を踏まえると，対面授業を受けるために一つの教室に学生が集うことが学習環境を構成する要因の一部であることが推察された。確かに自宅で受講するオンライン授業では，自分以外の学生がどのように授業を受けているのかうかがい知ることは困難であろう。パソコンの仮想空間では学びの仲間と自分が一緒に映し出されるが，現実の空間では一人なのである。大学の当たり前の日常風景としてあった「教室の中の学生たちの姿」には，コロナ禍以前には気づかなかった，静的な学びの共同体としての意義があるのかもしれない。1年生Bが表現する「なんとなく大学生感」という言葉には，この学びの共同体に参加する期待や希求があるのかもしれない。

　以下に1年生Cが述べる対面授業派の理由は1年生Aと1年生Bに近しいものである。

　　　オンラインは，本当に授業とかに対してモチベーションもなくなるし，パソコンに向かって黙々やるのも，あんまり好きじゃないというか，やっぱり対面で，先生の話してる言葉を聞いたり，学生同士でコミュニケーション取ってみたいな感じの対面がいいですね（1年生C）。

　1年生Dは1年生A～Cの3名とは異なった理由を以下の通り述べている。

　　　オンラインだとオンオフがつきにくいってのは，さっきから言ってるとおりなんですけど，オンラインだからこそ必要な機材があったりとか。今は持ってないウェブカメラが必要になったりとか，普通だったらいらなかった物を，いるようになってくるっていうのあるんで。この先また，オンラインをずっと続けていくってなって，パソコンが壊れたってなったらパソコン買い直しとかになるんで，その辺もあって，オンラインじゃなく対面でできるんだったら対面のほうがいいと思います（1年生D）。

　この発話におけるオンオフとは，授業中をオン，授業中以外をオフという意味で示している。これに加えて1年生Dはオンライン授業を受ける金銭面でのコスト負担にネガティブな思いを抱いていることを，対面授業派である理由として述べている。コロナ禍では，大学の学費・施設整備費等の返還の声があがるなど，大学教育にかかる金銭的コストの問題は重要な問題である。1年生Dのこの声は，この問題に類する重要な示唆であり，大学側はオンライン授業化

に伴う学生の心理的ケアとともに，経済的ケアについても注意を払う必要があるだろう。

　2年生で唯一の対面授業派であった2年生Bは，その理由について次のように述べている。

　　　理想としてはやっぱ僕は対面のほうがいいとは思うんですけど，学生として正直な話，今ほとんど自分が取ってる授業は対面はなくてオンライン授業だけで，前期も同じような状況だったので，基本的には授業は家で受けてるっていう感じなんですけど，その状況が続いた上で来年，それが後期いっぱい例えば続いたとして，春休みがあって，来年度頭から基本的には毎日というか週何日，学校に通いましょうって言われると，ちょっと重たいなっていう気持ちはあります（2年生B①）。

　　　オンラインに慣れちゃって，朝とか午前中の早い時間帯から動いて学校に行って授業受けてっていう。講義もやっぱりオンラインよりは対面のほうがちゃんと聴くというか，それに集中して聴くことになると思うので，正直なとこ。そうなると疲れるのかなっていう思いはあります（2年生B②）。

　この回答を受けたインタビュアーが「理屈の部分と本音の部分がちょっと入り交じってるような感じなのかな」とコメントを返すと，2年生Bは「はい」と答えたのである。このやり取りが質的調査における重要な特徴の一つを示しているものと考えられる。つまり，調査対象者の本音と建前や，相反する考えを内に秘めた状態など，単一でない回答を明らかにできるという点である。

　また質的調査の重要な特徴の2つ目として，調査対象者の時間の変化などといったプロセスを明らかにできるという点がある。2年生Bの2つ目の発話では，オンライン授業に慣れることによって，対面授業を受けるために通学することに対する気持ちが変化していることが読み取れる。コロナ禍における学生調査は，各大学においてアンケート調査で実施されているものがいくつかあるが，2年生Bの語りで示されたように，本音と建前や，相反する気持ちが含まれている可能性，さらには回答した時点から学生の気持ちや考えが変化する可能性を考慮する必要があるものと考えられるため，調査結果は慎重に取り扱う必要があるだろう。

　最後に3年生の3名である。まず3年生Aの発話を以下に示す。

　オンライン授業は仕方がないからしている状況っていうのが，まず自分の頭の中にあって。学生であるうちは，学校に行って，友達としゃべったりすることが醍醐味でもあると思うので，その醍醐味を感じたいから対面授業を希望するっていうのがあります（3年生A）。

「学生であるうちは，学校に行って，友達としゃべったりすることが醍醐味」という表現は「大学生の醍醐味」に言い換えることができ，1年生Bが表現した「なんとなく大学生感」に近い表現である。ここでは，対面授業の内容や効果に意味を見出しているというよりも，対面授業を媒介とした学生との交流を通して「大学生の醍醐味」をキャンパス内で享受することへの要求を表しているものと考えられる。
　次に3年生Bの発話を以下に示す。

　僕の大学ですと，オンライン授業やめるべきなのかなっていうのはあって，科目とか，通信学校とかもあるとは思うんですけど，そういった形でやる分にはいいと思うんですけど，普段対面してる環境の場が，固まってオンラインでやるっていうのはちょっと僕は違うかなって思っていて。対面の授業があるからこそ，そこに入学したわけで，全部，授業オンラインでやるってなったら，入ってる人，入ってない人っていうのは絶対変わってると思うし，対面，全部オンラインでやりたいのであれば，オンラインの学校にするべきだし，先生がオンラインでやりたいのであれば，このまま一貫してオンラインの授業をする。でも，そのオンラインをする上でも，しっかりと授業の質を落とさない，維持できるようにする，改善ができる方法を模索するっていうのは絶対に必須条件かなとは思ってます（3年生B）。

　ここでは，通学制大学が本来の教育方法である対面型授業をオンライン授業に転換したことに対しての批判が述べられている。一見すると3年生Bは通学生大学とは「こうあるべき論」に固執しているように見えるが，通学制大学でもコロナ禍によりオンライン授業への選択を余儀なくされたことにも理解を示している。これは「そのオンラインをする上でも，しっかりと授業の質を落とさない，維持できるようにする，改善ができる方法を模索するっていうのは絶対に必須条件かな」という発話に表されている。非常に冷静な意見であると考

えられる。

　最後に３年生Ｃの以下の発話を見てみたい。

　　私は本当に対面授業派なので，どうしても，全部対面でやったほうがいい
　　ようには思います。オンラインだと，だらけてしまう部分も結構あって。
　　先生側からこちらが見えてないっていうのもありますし。オンデマンドで
　　やってると，その時間ぴったりにいなくても，後で時間ずらして，自分の
　　好きなときに見ればいいっていうふうになってしまうので，そこのところ
　　も結構，生活リズム的な問題もあると思うので，やっぱり対面のほうがい
　　いんじゃないかなと思いますね（３年生Ｃ）。

　これは先に示した対面授業派である１年生Ａの意見と同じものであり，また
オンライン授業派の２年生Ａが自らのライフスタイルに関連させて述べていた
ことに共通する。このように学年でも変わりない考えを持つ共通点もあれば，
筆者の印象に頼る部分が大きいが，１年生に比べて３年生の方が自らの思いを
言語化でき，理由なども添えてインタビュアーに向けて回答できているという
違いも見られた。これが大学教育を通しての変化なのか，青年期の発達段階お
ける変化なのか，またそれ以外によるものなのかはわからない。この差異に関
する筆者の解釈が妥当であるのかはさらなる調査と検証が必要であるが，コロ
ナ質調査の経験を通して，大学生の論理的思考力や論理的な言語能力などの汎
用的能力の変化を見ていく上でのヒントを得られたものと感じている。

（４）オンライン・対面混合派の声

　オンライン授業と対面授業を混合して実施していくことを希望していた学生
は７名いた。その内訳は１年生１名，３年生２名，４年生４名であり，高学年
の学生の割合が多かった。

　まずは１年生Ｅの考えを示すために，以下に逐語録に記載されているインタ
ビュアーと１年生Ｅとのやり取りをそのまま転載する。

　　ゼミのときも言ったように，交互にしてくれたら一番，自分的にはいいの
　　かなっていう考えがあります（１年生Ｅ①）。

　　交互にっていうのは，さっき言ってもらった理由としては，対面では友達

との関係づくりもできるし，一方ではオンラインでは結構，真面目にやるっていうところもあったりして，その辺りですかね。（インタビュアー）

はい（1年生E②）。

　1年生Eは，友達との関係づくりのために対面授業の必要性を訴えつつも，自らはオンライン授業でも自律して真面目に授業をうけることができるため，混合型が良いと語っている。これまでオンライン授業派や対面授業派の学生が語ってきたオンライン授業環境による甘えを退けて真面目に学ぶ学生の姿をここから見ることができる。

　この発話から，オンライン授業に対する学生の適性として，自律的に学習を行える意思や態度を備えていることが重要であることが示唆された。そこで，学生の自律心をどのように育成するのか，さらには甘えを退けることのできるオンライン授業の仕組みについて検討していくことは，今後の課題として検討する点として重要であろう。

　次は二人の3年生について見ていきたい。

　基本的には対面授業のほうがいいんですけども，でも，コロナウイルス関係なく，やっぱりオンラインとかオンデマンドってのももともと活用すべきだと思うんです。いろんな都合があると思って。それなので，基本は対面で，でもオプションとして他の手段も用意されてると，なおいいのかなって思います（3年生D①）。

　対面がいいっていうのは，大学っていうと，ただ教科書読んだりとか先生の話聞いたりとかするんじゃなく，他の学生とかの交流とか，そういうのも全部ひっくるめて，ある種の学びなんじゃないかとか思ってて。オンライン授業だとそれがもうほとんどなくて。そういう他の，ちょっと図りにくいような学びを得る手段としては，やっぱり対面授業のほうが優れてると思ったので，対面授業のほうが実施したほうがいいんじゃないかと思ったこと。あと，なんでしたっけ。オプションとして（3年生D②）。

　3年生Dは，対面授業を基本としてオンライン授業をオプションとして併用することを望んでいる。対面授業を基本とする理由は「大学っていうと，ただ

教科書読んだりとか先生の話聞いたりとかするんじゃなく，他の学生とかの交流とか，そういうのも全部ひっくるめて，ある種の学びなんじゃないか」という発話に示されている。3年生Dの発話を受けてインタビュアーが「オンラインを使うとしたら，どんなこと想定される？」と質問すると，

　　やっぱ外出先，例えば，就職活動なんて一番いい例だと思うんですけど。例えば，面接行くのに片道1時間掛かるとかだと，その前後の授業とかがもう行けなくなってしまうとかあると思うんです。でも，オンラインっていう手段があれば，面接の前後，面接会場の近くでも受けれたりするわけであって，やっぱりかなり柔軟になると思うんです。なので，オプションとして付けれたらと思いました（3年生D③）。

　就職活動と授業を両立するための手段として，オンライン授業をオプションとして活用することの利点について述べている。この発話から，就職活動に直面している3年生の切実さを感じるとともに，非常に実用的に大学の授業を捉えていることが伺えた。
　3年生Eは，実用的な考えをさらに発展させた内容として次のように述べていた。

　　確かに便利な面もありますよ，オンライン授業。でも，全部をオンライン授業にするとか，全部を対面授業にするとかっていうのよりも，ハイブリッド型にすればいいのになと思います。教授が授業をしてるのを，1カ所から撮影をするはして，なかなか難しいかなとは思うんですけど，するだけして。例えばその日，調子が悪くて行けなくなったとか，ちょっと休んでしまったとか，今，オンライン授業だったらアーカイブにしてあるんで，ちょっとここ聞き逃したなとかっていうのも後から見ることができるっていう利点はあるんで，併用していけたら一番いいなとは思いますよね。それこそ全部対面にしたら，せっかくオンラインでこういうとこが便利だったのになとか，こういうとこが良かったのになとかって，事後確信にも随分役に立つんで。そういうので，できたことができなくなって。でも，かといって，ずっとオンラインで家にこもっているっていうのもしんどいんで。対面授業かオンライン授業かのどっちかっていわれたら，対面がいいですね。今まではこっちでやってたんで。ただ，どっちものいいところを混ぜれる

ようにできるんだったら，混ぜるのが一番，どっちものいいところを取れるかなとは思いますね。あと，好きに選べるようにもなるのかな。でも，ちょっと先生の負担は増えるような気がするんですけど（3年生E）。

　この発話は，アフターコロナの大学授業のあり方を学生中心で設計していく上で非常に参考になるものであろう。筆者は，このような実用的かつ建設的な考えと，ハイブリッド型授業を展開する教員負担にまで思いを寄せる想像力を自らのうちに併存させている3年生Eに感心した。
　最後に4年生4名について見ていきたい。

　授業の種類にもよると思うんですけど。やっぱり授業人数が少なかったり，もともと個別に，みんなで話し合ったりとかをしてた授業は対面のほうがいいのかなって思うんですけど。ただ，私が1回生のときとかに受けてきたような，全体の講義形式で，先生が主に一方的にお話をされて，こちらが聞くっていう形式の授業だったら，オンラインのほうが，形が変わるだけで同じかなって思うんで，そのほうがすごく参加もしやすいし，遠くて字が見にくいとかもないと思うのでいいのかなって思うんですけど，全部をオンライン，全部を対面っていうよりは，いいところ，悪いところをうまく使っていけたらいいのかなって思います（4年生A）。

　オンラインが全てだったら，周りの人との交流もないですし，あまり集中力が続かない人とかもいると思うんですけど。でも，私は，そのオンラインになったことによって，その時間をうまく活用して，他の資格の勉強とかをできたので，自分の時間を多くつくることができたから。オンラインと対面と，両方，うまい具合にあるほうがいいのかなっていうのは思いました（4年生B）。

　そうですね。自分は混ぜこぜでいいんじゃないかなと思いますね。やっぱり，中には対面だと難しい授業あるんで，実習とかは残してもいいと思うんですけど，講義形式とかゼミ形式とかは，例えば，下宿したくない人たちとか地元にいて学びたい，そういうeラーニング的な観点みたいなのを，そういうふうな手段を残しておいてもいいんじゃないのかなと思って。そういうの，多様な学びの手段の一つとしては取っといてもいいんじゃない

のかなと思います（4年生C）。

コロナで変わらなければいけない状況が来て変化したわけじゃないですか，オンラインになって。そういうのは僕はいいものとして捉えているので，それを取り入れてこれからもしてってほしいなっていうのは（4年生D①）。

僕は時間が自分で調節できるっていうのもあるというところと，それが二つ，オンラインと対面っていうところで選択肢が増えて選択の自由が生まれるので，それは多様になってほしいなって思います（4年生D②）。

　これら4年生の発話は，これまで論じてきた全ての学生が主張してきた対面授業とオンライン授業のメリット・デメリットを総合的に捉え，それら論理的に整理し，現実面を考慮して実用面を重視した混合型授業のあり方について語っている。改めて，進級もしくは成長等に伴う汎用的能力の変化に関して，学年別の学生の語りの差異について注目していくことの重要性を感じることができた。

（5）その他の声

　最後にその他に分類した4名の発話を紹介したい。まずはオンライン・対面「どちらでもよい」と述べた2名の学生である。

どちらでも。（中略）。学業の質ってことを考えたら，私はオフラインがいいと思うし，そこが一定，後期で改善されているというか，ある。自分のキャリアとしては多分，これから就活とかで東京に行かなきゃいけないことを考えるとオンラインでもいいなと思っていてという感じです（2年生C①）。

やっぱり，学部で学ぶことが直結するというか，○○学部で教師になるっていう子は，結構，対面を望んでいる人が多い気がします。やっぱり，そこでの先生とのコネクションというのは，ちょっと言い方が悪いかもしれないですけど，関わりだったり同じクラスメートとなった人が，将来，同僚になる可能性があったりとかっていうところもそうだし，学ぶ内容的に

深く見たいっていう思いがきっとあるので，対面でっていうのがある気が
しました（2年生C②）。
（下線部は2年生Cのプライバシー保護のため発話内容を損ねないように
筆者が固有名詞を書き換えた）

　2年生Cの「どちらでもよい」は，学びの質，自身の授業スタイルの好み，
未経験の就職活動，同じ学部の友人の様子，キャリア展望としての教師の現実
的な側面など様々な要因を消化しきれずにいる状態から発せられたものである
と推測できる。一方で，学生個人のパーソナリティにおけるしなやかさや柔軟
さを感じさせるものであった。これに対して，2年生Cと異なる「どちらでも
よい」理由を，2年生Dは次のように語っている。

　それだと大学が，建物ある意味がなくなるんで，多少は対面はあっていい
　と思うんですけど。実習とかそういうのは，対面で全然やってもらったら
　いいですけど。今回はオンラインだけの評価なんで，あんまり実際の対面
　と比べるのはあれなんですけど，個人的には対面はある程度，戻ったほう
　がいいと思います（2年生D①）。

　例えば実習もそうですけど，学友同士，ちゃんと授業内でいろいろ意見，
　言い合えるのは，対面でも本当……。僕自身はオンラインがやりやすいだ
　けで，みんなは対面がいいんじゃないかなって個人的には思ってるんで，
　僕は……（2年生D②）。

　僕個人としては1年のときは，特に対面だろうが不満は全然なかったんで
　すけど。これが大学なのかっていう。後期になったら楽だねって感じで。今，
　楽なほうにいるんで，本来の大学生活に戻ることは全然，不満でも何でも
　ない。ちゃんと指示には従う感じです。だから，大学が思うようにやれば
　いいかなって，僕自身は思います（2年生D③）。

　自身の中で，対面授業派かオンライン授業派か混合型授業派を決められない
様々な要因に混乱しており，最終的に「大学が思うようにやればいいかなって，
僕自身は思います」という考えに収束している。
　以上2人の2年生の「どちらでもよい」理由を詳細に見てきたが，同じ回答

に類型化されるものであっても，各自が自らの考えを示す理由として紡ぎ出した言葉を形作るまでに至る各人の背景や心情は異なるものであった。このような複雑な調査対象者の様相を明らかにすることができることも質的調査・研究の特徴の一つであろう。

　次に紹介する4年生Eの発話は，先に示した4年生A〜Dの4名とほぼ同じ特徴を備えたものであり，唯一異なる点は，最終的に自らの回答を導くことを諦めた点だけであった。

　　難しいっすよね。オンラインの良い点もあるし，オンラインのメリット，デメリットもありますし。対面のデメリット，メリットもあると思うんで，難しいなとは思うんですけど。でも僕はめっちゃ考えるんですけど，オンラインの可能性，オンラインの授業によって広がる可能性っていうのはすごいあるなって思ってて。それが，すいません，何かなっていうわけじゃないんですけど，地方の人たちが，わざわざ東京とかそういったとこまで出て来なくていいんじゃないかっていうか。地方の何かしながら，何て言ったらいいんですかね，期待感があるっていうことですね，ただ。オンラインはオンラインで期待感があるし，対面は対面で，やっぱりコミュニケーション力っていうのが上がると思いますし，大学の楽しさっていうのもあるので。ちょっと答え出せないっすね。すいません（4年生E①）。

　先に紹介した「どちらでもよい」とした2年生2名よりは，対面授業とオンライン授業のメリット・デメリットを整理できている様子も伺え，意思決定を他者にゆだねてしまう「どちらでもよい」という回答よりも，自ら「判断不能」としたことに違いがあるものと考えられれた。

　最後は「必修科目のみ対面」とした2年生Eの発話を紹介したい。

　　そうですね。必修はもう，むしろ全部，対面にしたほうがいいかもしれないですね。僕，必修の成績が死ぬほど下がったんで。前期が（2年生E①）。

　　極端な話，だってオンライン，今，ハイブリッドっていったって，受けたかったら対面でもいいよってなって，僕，成績下がってるんやったら，もう対面のほうが真面目にできるって，僕は自身，思ってるんやったら，対面行けよってなると思うんですけど，そんなことは今，一切しないんです

よ，言うたら（2年生E②）。

　一切しないから。強制されると多分，誰も行かんと思うから，成績下がったからといって。対面のほうが成績上がると言われても，オンライン楽やし，登校，面倒くさいし，みたいな。だから，強制さしたほうが。自分でできる子は別にいいと思うんですけど，僕みたいな自分でできない子は，強制したほうがいいんじゃないかなとは思いますね（2年生E③）。

　「必修科目のみ対面」とする理由は，学生の成績を下がらせないための強制的なシステムとして，対面授業を捉えているこれまでの示してきた19名の学生にない考え方である。一見するとネガティブなものとしてのみ捉えられてしまうかもしれないが，2年生Eが自身の成績や性格を俯瞰的にとらえている点は，当学生の力として評価できるものであろう。また，大学側としてこのような学生の生の声は非常に重要なものであり，グローバル化した大学の教学運営においては示唆あるものであると考えられる。

　最後に質的調査・研究の面でもこの発話から導かれる示唆についても考えてみたい。おそらく，当該学生のネガティブなものと捉えられてしまう発話が表出されたことは，インタビュアーとのラポール・信頼関係がしっかりと形成されたことにより導かれたものであると考えられる。いかに調査対象者と限られた時間の中で信頼関係を構築し，生の声を引き出せるかが，質的調査を実施するインタビュアーにおいて求められる重要な力であるという点を改めて認識した発話である。

2．本章のまとめ

　20名の学生の授業に対する多様な声を紹介してきた。本項では本章の最後として，20名の大学における授業に対する学生の声に関する分析を通してのまとめを2つの点からまとめたい。

　第一に，大学の授業は，大学生個人の生活と結びついている点である。筆者はこれを「ライフに包含される授業」と表現したい。これは，「学校に行って，友達としゃべったりすることが醍醐味でもあると思うので，その醍醐味を感じたいから対面授業がいい」「オンラインだとオンオフがつきにくい」などの生の声から導き出されたものである。これは学びの当事者である学生にとっては当たり前の考え方かもしれない。しかし，筆者にとってはこの点からの気づきは非常に重要なものであり，日常業務に埋没する中で，学生と「授業」「サー

クル」「アルバイト」がそれぞれ独立したものと捉えてしまっていたことを反省した。

　第二に，コロナ禍を契機として，大学における「対面授業」や「キャンパス」の本質的な意義を問い，明らかにすべき時がきた点である。これは，「なんとなくですけど対面のほうが入ってきやすい」「対面のほうが，自分的には授業をやった感」「なんとなく大学生感」「理想としてはやっぱ僕は対面のほうがいい」という学生の生の声から導かれるものである。これらの学生の声を踏まえると「対面授業」や「キャンパス」の本質的な意義を明らかにすることを，学生に委ねることは難しいであろう。この問いは大学人が心理学，社会学，教育学等，様々な学問分野からアプローチし，学生の協力を得ながら試みていくべきものであり，ここで明らかにできた知見は，学生に丁寧に説明し，理解を促していくことがこれからの大学を担う教職員の責務であると筆者は考える。

第8章
コロナ禍における学生の
友人関係とコミュニケーション

―――――――――――――――――――――――――― 山咲博昭

はじめに

　コロナ禍により，学習活動だけでなく学生間のコミュニケーションにおいて
も対面型からオンライン中心の非対面型への移行が余儀なくされた。このよう
な状況下において，大学生はどのような交友関係を結び，構築していったので
あろうか。

　本章では「日ごろ学友同士ではどのように，どのようなコミュニケーション
をとっていたか」という「『コロナ禍における学生の学び』の質的調査」(以下
「コロナ質調査」)における RQ についての分析結果について報告する。特に「コ
ロナ禍は交友関係にどのような変化を及ぼしたのか」「コロナ禍は友人関係の
構築にどのような変化を及ぼしたのか」という具体的な問いについて，コロナ
禍における学生のコミュニケーションの在り方を明らかにすることを試みる。
また，コロナ禍におけるコミュニケーション課題について学生が取り組んだ具
体的な取組事例も紹介するとともに，本章における分析を通して，コロナ禍に
おける学生支援の在り方を検討するヒントを示してみたい。

1．交友関係における変化

　はじめに，コロナ質調査を通して明らかとなったコロナ禍における友人や教
職員を含む他者とのコミュニケーションの取り方における難易度の変化につい
て示したい。ここでは，コミュニケーションの取り方の難易度を「敷居の高さ」
という表現を用いて説明する。「他者との会話，連絡等を行うに際して敷居が
上がった場面があると捉えた者」が 12 名，「敷居が下がった場面があると捉え
た者」が 9 名，「変わらないと捉えた者」が 2 名であった。敷居が上がった者
としてカウントした学生の多くは，友人との会話や連絡に関するものである。

　友人との会話については，

対面のときだったら，雑談とかが自然に生まれると思うんですけど。

立ち話って急にできるものだし。

といった語りに見られるように，コロナ禍以前はキャンパス内で偶然に友人と出会って話すことができたり，授業の前後で友人との雑談が自然にできたりしていた。しかし，コロナ禍以降に授業が非対面型に移行したことに伴い，友人との偶然の交流や関わり合いへの気軽さが喪失してしまったのである。

友人への連絡に関しては，次のような語りからコロナ禍以降「敷居が上がった」ものと考えられた。

SNSだったら，そういう雑談は自分から投げかけたりとか，相手から投げかけたりとか，１段階，何かそれに向けた力が必要っていうか。

ステップが増えたっていうんですかね，一つも二つも三つも増えて。お気楽に話せるような感じではないかなと。

非対面型における会話や連絡について，

言葉だけで今の気持ちを伝えにくいかなっていうのは何度かあって。

やっぱり何かちょっと足りない部分が，言葉では表せないようななんか足りない部分があるかなと思うんで。

といった語りに見られるように，言語情報を中心とした意思疎通に限界を感じる学生がいた。他者の真意を読み取る際に，頼りにしていた非言語的な情報がメールやSNS等では把握できない，もしくは出会って日が浅いため関係性が構築できていない場合はこの問題に直面していた。このような非言語情報の遮断は非対面型で扱う話題を狭めることになり，「敷居が上がった」一因だと考えられた。

また，学生がコロナ禍以前に保有していた交友関係が「敷居の高さ」に影響を与えることが推察された。これは，深い関係性を構築していない友人との会話や連絡ほど，よりコミュニケーションの取り方の難易度が高まっていた。つ

まり関係性が深いほど「敷居の高さ」を乗り越えることに寄与し，関係性が深くないほど「敷居の高さ」を乗り越えることに負の影響を与えていたのである。また，学生間の関係性だけでなく「敷居の高さ」を越えられた要因として，学生間の共通目標や課題（例えば，授業課題，クラブ・サークル活動等）も示された。また，社会的な要因が交友関係に影響があったことを補足したい。これは「不要不急」という言葉に代表されるように，特別，用事がなければ会わない，必要なければ連絡しないなど，社会的な風潮も少なからず影響していることが，学生の語りから示されていた。

　まとめると，コロナ禍により大学生の交友関係は，「広く浅い」ものから「狭く深い」ものにシフトしたものと筆者は考えている。

2．友人関係の構築

　次にコロナ禍によって入学直後からオンライン中心の授業のなかで新入生がどのように友人関係を構築したのかを示したい。これまで，新入生は学部学科のオリエンテーションや授業，クラブ・サークル等での出会いをきっかけとした友人関係を築いていた。しかし，コロナ禍以後は対面型の行事や課外活動等が行えず，Twitter や LINE 等の SNS での出会いを足掛かりとしていた。その出会いは，

　　春から〇〇大学みたいな感じで，この子は1回生とか。

　　同じ学年の〇〇学部と結構つながって，この課題，これ，どうしたらいいやろうみたいな感じで，質問し合ったりとかして。

といった語りに見られるように，入学予定の大学という共通項を起点としていた。それをきっかけにして学部学科や授業等の共通点が多い者同士がグループを形成し交流する，もしくは個人で交流していることが語りから伺えた。

　新入生同士が交流する際の話題の中心は授業で出された課題であった。つまり授業課題が新入生同士をつなぐ一つの架け橋になっていたのである。また，授業内においても，

　　あと，自己紹介の回数も多かったんで，先生が勝手に分けてくれて，あれがよかったなと。

といった語りに見られるように，１年生向けの少人数演習科目において数回の授業ごとに組むグループを代える，自己紹介の回数等を多くするなど担当教員が意識的に新入生間で交流する機会を設けており，教職員による工夫した取組が友人関係の構築の一助になっていたことが伺える。

　ところで，SNS 上で知り合った新入生はどこから友人として認識していたのだろうか。それは，

　　　文面だけで友達っていう人はめちゃくちゃいっぱいいるんですけど，（中略）Zoom で顔を合わせてから，ちゃんと，あ，この人って認識して友達になる感じが一番多かったです。

という語りから，オンライン授業等における顔と名前の一致が友人と認識する一つの契機であった。一方，SNS でのグループ，個人単位での交流がある場合も友人としての認識はしているが，この語りからは SNS で文面をやり取りする友人と，顔と名前が一致する友人とでは一線を画しているように伺える。つまり SNS に閉じた関係よりも顔と名前が一致する関係の方が友人としての深い認識があると推察できる。

　まとめると，コロナ禍により友人関係は，SNS を足掛かりとしつつも，学部学科や授業等の共通点が積み重なったグループ，個人間での交流が深まることで構築され，顔と名前とが一致することで友人としての認識が深まるものと筆者は考える。

３．コミュニケーション課題への取組事例

　コロナ質調査では，コロナ禍における学生同士のコミュニケーションや友人関係を構築する際の課題について工夫した取組が複数語られていた。これらの取組を５つの事例として紹介したい。

（１）オンラインツールを用いた学びの場の創出

　コロナ禍では，授業時間外に取り組む課題（以下「授業課題」）が学生にとって過大な負担として捉えられているなど不満の声があがっていた。先に述べた通り，授業課題のような学生にとっての共通目標は，「敷居の高さ」を超えて交友関係を深める要因であることから，これらを媒介にして SNS や Zoom 等のオンラインツールを活用した学びの場を創出する次の２事例のような工夫が

行われていた。

事例1

　一つ目の事例は，双方向型オンラインで実験を行う授業Ａにおける受講学生間の相互支援である。本来授業Ａでは，全受講生が同じ教室で実験を行っていた。実験における操作方法に関する疑問は，担当教員や周囲の受講生に尋ねることで解決できていた。しかし，コロナ禍による授業Ａは各受講生が自宅で実験を行うことになった。そのため，

> 操作の不慣れな点とかをすぐに先生に聞いて，１対１で会話をすることっていうのがちょっと難しかったので。それがきちんとできるのかっていうところがすごく，一番心配でしたね。

という語りにあるように，この学生は授業Ａの実験中に気軽に質問ができない不安を感じていた。そこで，自宅で実験する際に複数名の友人と電話をつないで，実験器具の操作方法などの不明点を互いに相談し，解決する協力関係を構築した。これにより，授業で後れを取らないように受講生同士で支え合いながら授業中の問題に対応していた。この自発的な取組を通じて，学生は次のように語っていた。

> これって研究を始めるときにあたって，すごい大事だと思うんですよ。社会に出ても仲間でいろいろ考えて協力していくっていうのは大事だと思うんで。

　つまり，オンラインツールを活用した授業中の相互支援体制を学生が主体的に作ることを通して，仲間とともに協力し助け合う大切さに気づいたものと考えられる。

事例2

　二つ目は，授業外学習や交友関係を深めるオンラインスペースを学生が自主的に構築した事例である。学習環境の好みは，一人でないと集中できない，人目がないと集中できないなど個々の学生によって異なる。本事例に取組んだ学生は，コロナ禍以前は公共空間である図書館で自習していた。しかし，図書館

が閉館されてしまい，自らが一番集中して自習できる学習環境を利用できなくなってしまった。そこで，所属する学生団体が実践していたオンラインスペースの構築と提供の取組を援用することを思いついた。

　　基本的にいつでも開いていて，今から勉強するんですけど，一緒にやれる人いません？　一緒にやりましょうみたいな感じでやっていました。

　上記の語りの通りに，自習したいものが集うオンラインスペースという集中できる学習環境を自らの手で構築していた。また，

　　分からなかったから，お互い教えようもあるし，課題をするときに先生から，他の人と話すこと，促されるというか。議論して，答えたほうがいいよみたいなことも言われたりすると，課題をするときもつなげていたり，ちらっと見ます。

という語りから見られるように，コロナ禍以前からの教職員による学生間での学びの促しが行われていたことが，本事例に取組む一因になったと考えられる。さらには，次の語りのように，

　　友達関係に関しては，Zoom とかを使って，自発的にその場所を設けたり，ご飯会しようみたいな感じでしたり。

と交友関係にも応用するなど取組を発展させていた。

（2）オンラインツールを用いた課外活動の継続
　コロナ禍ではクラブ・サークル・部活動などの課外活動も休止ないしは活動が制限されていた。このような中でも体育会系学生団体に所属する者の中には，オンラインツールを用いて課外活動を継続させている者がいた。これら取組について次の3事例を紹介したい。

事例3
　平常時の部活動では，授業やアルバイト，個々人の予定があって調整することが難しく，まとまった時間を取るなど一堂に会する機会を頻繁に設けること

はできなかった。ところが，コロナ禍の中で Zoom 等のオンラインツールが学生の間にも普及したことにより，これらを活用したミーティングの開催が容易になった。

　オンラインミーティングで部員同士が話し合ったテーマは，チームの理念，これからのチームをどのように作るか，コロナ禍でどのような活動をすべきかであった。オンラインでも部のビジョンやミッションの再確認，それらを踏まえた活動の方向性など，抽象的で議論が難しい内容も，十分に検討することができたのである。具体的には，全体にテーマを提示し，6名程度のグループに分かれて当該テーマについて1週間程度で話し合いを行い，その結果を全体ミーティングでグループ毎に発表するなど，工夫した運営が行われていた。この工夫は，

　　全体ミーティングだと，（中略）自分のこととして捉えるのが難しいなっていうのが，Zoom 使いながら思って。それだったら個別で，大体，学年で分かれて，6人組ぐらい。で，毎回集まって，その6人で，例えばなんかお題を一つ出して，そのお題を話し合うっていうのをやって。また全体が集まったときに，それを発表するっていうのをやってました。

という語りにもあるように，オンラインでの全体ミーティングの開催を通じて，全員が集まって抽象的なテーマについて議論しても自分事として捉えにくいこと，また部員間のコミュニケーションにおける「敷居の高さ」を認識したことによってオンラインでの議論方法が構造化されたのであろう。これにより実りあるミーティングになったものと考えられる。

事例4

　次の2つの語りが示すように，Zoom を活用してオンラインでつないだ状態でトレーニングを頻繁に実施していた。

　　あとは筋トレとかを，同じ画面にしてこういうメニューを一緒にやりましょうみたいな企画があったので。

　　ミーティングと，プラス筋トレとか，ヨガとか，そういうのも練習できなかったんで，Zoom でみんなで時間合わせてやるっていうのをしていま

したね。

　このように，直接集まらなくてもオンラインツールを用いてトレーニングが習慣として継続できるように工夫していたのである。

事例5
　これは，コロナ禍においてモチベーションを維持して継続的に活動を行う社会人やプロ選手と話す機会をオンライン上で設けていたという事例である。

　　やっぱり，その間にモチベーションが落ちている子と，上がってる，上がってるというか，すごく差が生まれましたね，このコロナ期間で。

との語りに見られるように，メンバー間でのモチベーション管理が一つの課題になっていた。

　　このコロナの状況の中でもモチベーションを落とさずにやってる人たちとかの話を，いろんな側面から聞けたらいいかなと思って。

　そのため上の語りの通り，コーチやスタッフのつながりを活用して社会人やプロ選手をゲストとして招聘したのである。このオンラインでの語り合いの場では，部のメンバー数名を参加させて話を聞き，意見交換をした。そして，他のメンバーがいつでも閲覧できるようにレコーディングしていたため，この動画記録を YouTube にアップロードして部員全員で共有していた。

　　僕自身も，自分のモチベーション保つのが難しかったし。

　上の語りにあるように，社会人やプロ選手を招いてのオンラインでの語らいの場を創出した学生自身も課外活動の継続に対するモチベーションの維持についての課題を抱えていたことが，本事例に取組む原動力の一つになったと考えられる。

（3）事例から得られた示唆
　いずれの事例も学生の自発性に基づいた取組であり，学生自らが直面した悩

みや課題に対応するために取り組んだという共通点がある。つまり，このコロナ禍を一つのきっかけとして，直面した課題を自分事として捉え，自らの力で課題解決に導こうとする姿勢を身につけたと推察できる。

　また，事例2の通りコロナ禍以前の教職員による授業内での取組が，学生が課題解決策を検討する上で参考にしているものも見られた。教職員による日常的な学習環境の構築，学習機会の創出が学生の自発的な取組に係る企画やその実施に影響を与えるものと考えられるであろう。

4．コロナ禍における学生支援の在り方

　コロナ禍により，学生間の交友関係の在り方も新入生による友人関係の構築プロセスも大きく変化していた。また，大学生の交友関係は，「広く浅い」ものから「狭く深い」ものにシフトしていたことがコロナ質調査の分析から読み取れた。それはキャンパス内での友人との偶然の交流や関わり合いへの気軽さの喪失や，コロナ禍以前に保有していた友人との関係性の深さが一因であった。また，新入生は，SNSを媒介とした友人関係を構築していた。このように，本章では，コロナ質調査におけるインタビューを分析することを通して，コロナ禍における学生のコミュニケーションの様相をある程度浮き彫りすることができたと考える。それと同時に次に記載する新たな課題が示唆されている。

　それは，コロナ禍によりSNSでの交流，会話を苦手とする者や，深い関係性を構築した友人がいない者など孤立する学生が生み出されているという問題である。この問題解決の1つとして，学生間の共通目標や課題を持ちうる関係性を構築できる場を作り出すことが有効であろう。特に新入生，在学生問わず授業で出される課題は関係性を深める要素の一つであるため，授業担当教員が授業内で学生間の会話，交流の機会を促す方法が重要であると考えられる。

　しかし，オンライン中心の大学生活を経験したことのない教職員の視点では学生の悩みや不安を払拭するためのアイデアを生み出すことは困難かもしれない。そのため「3．コミュニケーション課題への取組事例」で紹介したように，学生自身が直面した課題を，学生自身が自分事として捉えて課題解決に取り組んでいくような姿勢や気持ちに着目することが必要となる。

　このような点から，筆者はコロナ禍における学生支援では，学生の意見を取り入れることが重要であると考える。例えば，コロナ質調査のようなインタビュー調査やアンケート調査も一つの手段である。さらに，ピア・サポート活動のような学生が学生を支援する仕組みを大学として設ける方法も考えられ

る。筆者は所属大学でピア・サポート活動に関与しているが，ここでの実践においても学生目線を取り入れることで少しでも悩みや不安を抱える学生を減らしていきたい。

第9章

コロナ禍における学生の
キャリアイメージ

――― 谷美奈

はじめに

　2020年初頭から全世界で猛威を振るう新型コロナウイルス感染症によって，我々の日常は大きな変化を余儀なくされた。国境や都市が封鎖され，在宅勤務，オンライン学習等が普及した傍らで，個人消費は著しく低迷し，企業の投資活動の制限や店舗閉鎖等によって経済活動が停滞した。一方，新しいコミュニケーションやコラボレーション等の手段やシステムが進展し，新しい生活様式が定着し始めるとともに，従来にないビジネスや新しい価値観も登場してきている。こうした先行き不透明な状況において，将来を担う大学生は，これからの生き方や働き方，価値観といったものをどのように捉えているのだろうか。

　以上のような問題意識から，「コロナ禍における学生の学び」の質的調査では，学生のキャリアに関するリサーチクエスチョンとして，「コロナは卒業後のキャリアイメージに影響を与えましたか」といった質問項目を設けた。なお，ここでいう「キャリア」とは，就職や働くということだけではなく，生き方や価値観，人生観などを含むものを指している。

1．調査・分析方法

　本リサーチクエスチョンを実施するにあたり，つぎの3点が質的調査メンバーで共有された。①新型コロナが調査対象者のキャリアイメージに何らかの影響を与えている場合は，コロナ以前と以後の両方のキャリアイメージを話してもらうように心がける。②その上で，なぜ，どのように影響があったのか（変化したのか）などを語ってもらう。③コロナによる影響がない場合でも，卒業後のキャリアイメージや，なぜ影響がなかったのか，などを話してもらう。これらに留意した上で調査を実施することにした。なお，今回の分析は，質的調査のインタビューの全体を通してではなく，本リサーチクエスチョンの箇所の

みを分析の対象とした。

　まず，調査結果を分析するにあたり，コロナが卒業後のキャリアイメージに影響を与えたか，その程度を，大いに与えた／ある程度与えた／少し与えた／与えなかった，に大別した。その結果，ほとんどの学生にとってコロナが卒業後のキャリアイメージに何らかの影響を与えていたことが分かった。また，学年による隔たりはほとんど認められなかった（図表９−１）。

図表９−１　コロナが卒業後のキャリアイメージに影響を与えたか

	1年生	2年生	3年生	4年生
大いに与えた（10）	2	3	2	3
ある程度与えた（5）	2	0	2	1
少し与えた（4）	0	2	1	1
与えなかった（1）	1	0	0	0

　調査結果の分析方法は，KJ法などの質的分析法を参照しながら，本リサーチクエスチョンのテーマを念頭にトランスクリプトを読み込み，特徴的だと思われる語りのまとまりやエピソードを抽出し，話の展開に沿って適宜要約した。つぎに，要約の中から特徴的なワードを抽出し，その要約にラベルを付与した。そして，親近感を覚えるラベル同士を１つのカテゴリーにまとめた。次に，カテゴリーをまとめる段階で，ラベル名とカテゴリー名およびカテゴリー編成の練り直しと修正を重ね，３つの大カテゴリーを生成した。

　その結果，【漠然とした不安や焦り】，【在宅・オンライン・社会的距離】，【チャンスと発見】といった３つの大カテゴリーが生成された。さらに，編成されたラベル群の特性を抽出し分類することで，〚社会で必要とされる資格取得〛，〚人生を見つめなおし価値観が変化〛，〚人付き合いが苦手になった〛，〚場所や慣習に縛られない生き方・働き方を見出せる〛，〚やりたい仕事や働き方の創出〛，〚家族・ケアの大切さ〛といった６つの中カテゴリーが生成された。これらの中カテゴリーを提示することで，大カテゴリーの内実理解を目指すこととした。

２．漠然とした不安や焦り

　生成された３つの大カテゴリーのうち，【漠然とした不安や焦り】が，最も代表的かつ典型的なキャリアイメージだということが分かった。まずは学生の声を聴いてみよう。

　　　　コロナによって大学生としての日常が大きく変わったし，コロナで倒産した会社も多いし，卒業後に就職できるのか，生きていけるのか，みたい

なのがありますね。コロナ以前は，大学を頑張って毎日楽しいという感じだったし，卒業したら何かしら就職して，何かするんやろうなくらいにしか思っていなかった。（Ａさん）

コロナによって一度レールから外れると日本の社会では元に戻るのは難しい。そういう点で漠然とした不安はある。コロナ以外でも自然災害とか，リスクマネジメントの重要性には気づかされた。リスクを考えるようになり，ネガティブな性格になったと感じている。不安にも気づかされた。（Ｂさん）

就活はしてないので個人的には影響はないですが，センパイからの話を聞いたりして，就職ちゃんとできるのか，という不安はありますね。インターンシップの案内は来るんですが，まだ受けてなくて，できれば対面で受けたいので，そういう不安もあります。（Ｃさん）

以前は，就職に対して楽観的で研究者にも憧れていたけど。今までの方針を転換して，もっと堅実に生きていこうかなと。研究者を完全に諦めてはいないのですが，ちょっとこの状況は。あと親にもこれ以上迷惑を掛けられないし。就職活動も，今までの先輩たちのやり方も通用しなくなって，自分でいろいろ考えて動かなきゃいけなくなっているのは感じますね。周りからも焦っている感情が伝わってきて，すごく煽られてもいますね。人にもよりますが，１回もそういうことを経験していない人からするとやっぱり未知の世界すぎて焦るかと思います。（Ｄさん）

　このように，ほとんどの学生はコロナによって，自らの人生や将来，就職活動についての漠然とした不安や焦りを抱いている。以前は，無難に大学生活を送っていれば，それなりの将来が開けてくるだろうと楽観視していたものが，コロナによって一気に不安になった。リスクというものを現実的に捉えるようになったり，コロナ以前よりもネガティブな性格になったりした者もいる。また，多くの学生が口にした就職活動への不安は，自らの体験や実感から来るものであると同時に，周囲からの不安がある意味で煽りになっているという。
　このような彼ら／彼女らは，不透明な社会状況に不安や焦りを感じているものの，その渦中からの抜け道は見いだせないでいる。ネガティブなキャリアイ

メージをいわばぐるぐると描くところで留まっているといえるだろう。いうまでもなく，半年前までは世界の誰もが予想できなかった未曾有の事態で，自らのキャリアに対し不安を抱き，それに対する方策を見いだせないでいることは無理もないであろう。しかし，その一方で，この状況からなんとか一歩を踏み出そうとするキャリアイメージを語る学生も少なからずいた。ひきつづき，学生の声を聞いてみよう。

　　　大手にいるからいいとか，そういうのじゃ安心できない。資格を取って，たとえリストラされても必要とされるような資格とか力を付けていかなくてはならないと思った。コロナになったことで，資格の勉強にたくさん時間が取れた。（Ｅさん）

　　　今回のように，例えば一気にオンラインに切り替わるような急な変化がこれからもあるかもしれないので。パソコン一つにしてもそうだし，何かしらの実力や資格を身につける必要がある。コロナになって不安になって焦って未来のことを考えて，そう思い始めた。（Ｆさん）

　　　まだ１年生なので卒業後にどうなっているのかが分からず難しい。ただ，専門的な学科に入ったので，資格は取りたいと思います。（Ｇさん）

　これらの語りには，【社会で必要とされる資格取得】といった言葉が頻繁に見られる。いうまでもなく，一口に大学といっても，専門性が高く資格や職業に直結する学問もあれば，そうでないものもある。大学で専門的な学問を選択した者にとっては，その道の資格を取りたいと思うことは当然のことであろう。ただし，ここで注目すべきは，そのどちらにせよ，その先の具体的な計画目標や将来像があるというよりは，不透明な状況であっても「資格取得」さえすれば，何とかなるのではないか，少なくとも何らかの保証は得られるのではないか，といったいわば消極的な「資格取得」の語りであったといえる。それゆえに，これらの語りもやはり【漠然とした不安や焦り】からくるものであったということができる。一方，【漠然とした不安や焦り】はあるものの，オンライン授業によって以前よりも比較的自由な時間が増え，それによって【人生を見つめなおし価値観が変化】したという学生も若干数ではあるが存在している。学生の声を尋ねてみよう。

コロナになって，いろいろな会社が倒産したり経営難になったりするのを見ていて。もっと自分一人で生きていく力を付けないといけないなという風に思いました。結局最後は，自分がしっかりしていれば何とかなる。組織に頼らずに生きていけるような，それこそいろいろ渡り歩いて行けるような人になりたいと思いました。今，技術の最初を学んだ段階で，卒業研究ってしれているし，外に出て胸張ってそういうところの出身ですっていえないなって思い始めました。だから，そういう世界の分野で自分に魅力が持てるようになっておきたいなと。大学院に進学しようと思ったのは，コロナの影響ではないけど，やはり一要因としてはあるかなという感じです。（Hさん）

コロナで時間に余裕があり，人生についてじっくり考える機会があった。これまでずっとスポーツばかりやってきて勉強は苦手だった。Zoom で社会人や院生と話す機会があり，そこで影響を受けて大学院進学を決めた。無難に就職するよりも，あえて自分が知らない世界に飛び込んでできるか勝負してから社会に出ようと。ビジョンは明確にはいえないですが。コロナで自分を見つめなおして，自分をつくる良い時間がもてた。（Iさん）

　コロナ禍において，キャリアを【漠然とした不安や焦り】でしかイメージできない学生が多い中で，オンライン授業によって，自分を見つめる時間ができ，将来に対する考え方が変化し，それらを比較的ポジティブに捉える学生も僅かながらいることが分かった。これらの者は，大学の学びと自らの人生とを何かしら意味づけて熟考することができている。しかしながら，これらの語りにすこし穿った見方をすれば，大学院への進学後のキャリアイメージは依然として漠然としたものであり，不安や焦りを先延ばしにしていると捉えられるだろう。

3．在宅・オンライン・社会的距離
　2つ目は，【在宅・オンライン・社会的距離】といったカテゴリーである。コロナ禍において，学生は好むと好まざるとに関わりなく【在宅・オンライン・社会的距離】を経験してきたわけだが，これらの捉え方は2つに分かれていた。まず，ネガティブに影響を受けた者は，『人付き合いが苦手になった』と語っている。学生の声を聴いてみよう。

パソコンがよくできるようになった反面，人付き合いに不安を感じるようになった。長い間人と会っていないと，人と目を合わせて話すのが恥ずかしくなる。人に見られて生活しなかった期間が長い分，身だしなみは大丈夫か，変な風に思われていないか，過敏に考えるようになって，人の視線が気になるようになった。（Jさん）

　一方，【在宅・オンライン・社会的距離】をポジティブに捉えられる者は，〖場所や慣習に縛られない生き方・働き方を見出せる〗と語っている。

コロナ以降，テレワーク志望になりましたね。それは楽だから。人がいるっていうだけで気を遣うんです。授業でも隣とか前後とか気になるので。あと，これまでは，できるだけ働きたくないっていう気持ちだったのが，人と話さないで良くなると，逆に働きたくなりました。マスクをしてなるべく人とは距離をとる，というのになってから，働きたい，そういう仕事ならやろうかなと。もともと子どもの頃から人見知りで，知らない人と会う機会が増えて学校に行きづらくなったことがあります。人付き合いが原因で転校しました。とはいえ，普通に人とは話すんですけど。通信制の高校では，人付き合いが浅いですけど，行きやすかったですね。人付き合いは浅い方が良いです。（Kさん）

人が密集しているところにいるのが，息が詰まる。それが就職したらずっと続くんだろうなって思うと乗り気じゃなかった。でも，テレワークが進んで，自分の中で働くということの追い風になった。コミュニケーションの壁は考えていかないといけないけど。就職先の選択としては，テレワークの導入が進んで幅が広がったように思いますね。（Lさん）

　これら2つの中カテゴリーは一見ネガティブとポジティブに分かれている。しかしながら，両者ともに，じつはリアルな対人関係はできれば避けて暮らしたい，といった願望が見え隠れしている。なお，これらを語る学生たちは，本調査への協力者としても自ら名乗り出てくれた者たちであって，一見，社交が苦手と思われるような学生ではない。ここに，彼／彼女らの——現代に特有ともいうべき（？）——価値観や対人関係観が表れている，といえる。

4．チャンスと発見

　最後は，【チャンスと発見】という大カテゴリーである。全体的に見れば，このカテゴリーに属する者は若干数であった。これらの者は，コロナ禍におけるキャリアイメージをポジティブに捉えている。そして，その内実は2つの傾向に分かれていた。1つは，働き方に反映させ〖やりたい仕事や働き方を創出する〗といった価値観である。まずは，この価値観についての学生の声を聞いてみよう。

　　　場所に縛られない生き方ができるようになりたい。ゆくゆくそうなっていけばいいと長期的なゴールとして定めている。まずは，さまざまな仕事を会社で体系的に学んで，それを生かすことで，場所に縛られない生き方を実現できればいいと思っている。（Mさん）

　　　何が起こるか分からない，すごく安定していた企業が収益を落としてしまって，あとビジネスモデルが変わった。今までだったら安定とか大企業とか考えてたけど。自分の好きなことをやれるように，自分がやりたいことが学べることに，憧れをもつようになりました。（Lさん）

　　　対面じゃないとできない仕事っていうのは，どんどん移り変わってきているから，コロナでオンラインになって，仕事も新しく自由になってきている，場所にも縛られない，フリーランス的な働き方や副業も。いろいろなものを学んだうえで，自由な働き方を目標としたい。（Mさん）

　もう1つの傾向は，〖家族・ケアの大切さ〗を発見し，それを生き方に反映させていく，といった価値観である。

　　　コロナで時間が増えて，家族の存在の大切さに気付かされた。家族とのコミュニケーションが増えて，就活の不安なども話して，それに対し家族がサポートしてくれるようになった。（Nさん）

　多くの学生がコロナによって「不安」に支配され「挑戦」を忘れてしまうような状況下において，本カテゴリーでは，あえて視点をずらすことで自らの人生をポジティブに捉える新たな価値観の創出が見られたといえるだろう。

5．学生のキャリアイメージと大学教育への示唆

　ほとんどの学生は漠然とした不安や焦りを抱えたままで，そこから抜け出すようなキャリアイメージをもつ者は少なかった。一方，自己内省をした者は，大学の学びと自らの人生とを意味づけてキャリアをイメージする傾向にはあった。これらを手掛かりに今後の大学教育を考えるならば，大学の学びと人生とを意味づけるような学びの創出が期待されるだろう。とはいえ，そこには根本的な課題が横たわったままでもある。これまでも再三議論されてきている，大学や大学院での学びが現実社会でどのように接続するのか，という問題である。これらの課題を大学教育がどのように捉えるかによって，今後，学生のキャリアイメージの発展のあり方も変わってくるであろう。また，コロナ禍において浮き彫りとなった，彼ら／彼女らの新たな価値観や人間関係観も無視できるものではない。これらの課題は，今後の授業のあり方（オンラインか？　対面か？　ハイフレックスか？）はもとより，例えば，コミュニケーション教育やキャリア教育のあり方にも関わる事案となるだろう。

6．本リサーチクエスチョンの限界と今後の課題

　「コロナ禍における学生の学び」の質的調査が用意した８つのリサーチクエスチョンの中でも，とくに本リサーチクエスチョンのテーマである「キャリアイメージ」については，学生にとって，日ごろから考えていないと言語化しにくい質問であったと考えられる。というのも，キャリアイメージは，すでに体験したことを語ればいいのではなく，基本的に，まだ見ぬ将来についてイメージを膨らませて語らなければならないからである。とはいえ，インタビューの仕方を工夫すれば，普段からキャリアについて考えていない学生に対しても，それなりのイメージを引き出すことは可能になるのではないだろうか。例えば，今回の調査では，調査対象者１名につき１時間のインタビューを行うということであったが，時間をある程度気にせずにじっくりと学生と向き合い，両者の関係性を築く，そのようなより対話的なインタビューの方法もあり得ただろう。また，事前に質問項目を提示するだけでなく，ワークシートなどを配布して質問に対しじっくりと考えてきてもらう仕掛けづくりや，インタビューを数回行ったり，追跡調査を実施したりすることも考えられるだろう。今後は，このような課題をさらに吟味し調査方法をデザインする必要があると思われる。

第10章
コロナ禍における授業経験の真意
―体験と本音をどう引き出すのか―

谷美奈

はじめに

　「『コロナ禍における学生の学び』の質的調査」（以下「コロナ質調査」）では，共通設定した8つのリサーチクエスチョン（図表10－1）のインタビューを実施した後に，時間に余裕があれば，任意で試みることができる質問項目をいくつか用意した。筆者はその1つに，「コロナ禍の授業を一言で表現すると？その心は？」といった質問を実験的に設定した。

図表10－1　8つのリサーチクエスチョン

オンライン授業は続けるべきか（その理由は）
オンライン授業になって教員や学友への質問・相談は増えたか（その理由は）
この状況にどう対処したか（つらい時／苦しいときの乗り越え方）
コロナは卒業後のキャリアイメージに影響を与えたか
授業で提示される課題は適切な量と質であったか（その理由は） また，学生から見た，良い課題，悪い課題とはどのようなものか
ゼミ生や教員とのコミュニケーションにどのような変化があったか
日ごろ学友同士ではどのように，どのようなコミュニケーションをとっていたか
集中して（意欲的に）受講できたか否か（その理由は）

　本質問の特徴は，8つのリサーチクエスチョンが「情報を聴取する」ことを目的とするのに対して，自らの体験をいったん象徴化してもらい，そこから「体験の真意を引き出そう」とすることにある。言葉遊びに近い形体であり，落語の謎掛けで使う台詞でもあるが，日常会話でも，もってまわった言い方や，暗に何かを含むような言い方をされた場合に，単刀直入に言ってもらえるよう「その心は？」などと問い返したりする。それによって，ある言葉や行動などの本当の意味するところ・真意・主旨を引き出すことが期待できる。また，本質問は，8つのリサーチクエスチョンが終わった後に問われることから，それまでのインタビュー内容の振り返りや総括的な要素をもつものになると考えられ

る。

　そこで本稿では，「コロナ禍の授業を一言で表現すると？　その心は？」といった質問によってどのような回答が得られたのか，学生から発せられた「一言」と「その心」を提示することで，コロナ禍における学生の授業経験とその真意について検討しようと思う。そして最後に，本質問形式の特徴も検討し，「学生の体験や本音をどう引き出すのか」といった問題についても言及しておきたい。

　まず，回答で得られた「一言」は次のようなものとなった（図表10－2）。

図表10－2　コロナ禍の授業を一言で表現すると？

　　暇
　　自由
　　緩急
　　堕落
　　非日常
　　自分探し
　　一方通行
　　画面が友達
　　山あり谷あり
　　自由だけど過酷
　　パソコンとにらめっこ
　　学年が下がれば下がるほどマイナスな授業

コロナ禍の
授業を
一言で表現
すると？

1．ネガティブな要素が多い

　実際に学生から語られたものは，そのほとんどがオンライン授業に関するものであった。これまでの8つのリサーチクエスチョンの時よりもネガティブなことを口にする学生が目立っている。まずは学生の声に耳を傾けてみよう。

　「自由だけど過酷」
　――自分の好きな時間とか好きな場所で受けやすくなったっていうのはあるんで，自由度は広がった。過酷っていうのは，僕はそうは感じないですけど，他の学生はやっぱり課題が多いとか，人との関わりが少なくて，勉強もはかどらないって言ってる面があるんで，過酷っていう言葉がふさわしいのかなと思いましたね。（Ａさん）

「学年が下がれば下がるほどマイナスな授業」
——学年が下だと，それこそ，授業とかもいっぱい取らないといけないし，課題が多くなってしまったりとか，学校に来て，友達，学科の知り合いをつくる上では，やっぱりオンラインじゃなく，対面のほうが有利になると思うんで，対面授業にしたほうがいいと思います。（Bさん）

　オンライン授業が一概に悪いというわけではなく，自由な時間を自らで有効活用できる学生はまた別の見方をしている。とはいえ，課題量の多さや人との関わり方を考えると，対面授業がやはり受講しやすいとの見方が強くある。とりわけ低学年にとってオンライン授業はネガティブな要素が多いとの認識がある。

2．振りまわされる
　オンライン授業に対する学生の苦労は，次の一言にも滲み出ている。

「緩急」
——普段，対面のほうが，授業中に課題する時間もあって，波があんま少なかった。どちらかっていうとオンライン授業はあんまり聴かなくていいけど，課題どん，みたいな感じで，この振れ幅が...。（Cさん）

「山あり谷あり」
——山あり谷ありみたいな。授業によっては，それなりにレベルが高い，ちゃんとしっかりした授業もあれば，ちょっと簡単過ぎだろうっていうか，これ，授業じゃないでしょっていう，下にあるような感じがあるんで，そういう理由で山あり谷ありっていう感じ。（Dさん）

　受講する立場からするとオンライン授業はバランスが悪く，極端な授業展開もあった。さらに，教員によっても授業方法や課題の出し方に差があり，学生はそのアンバランスさに振りまわされた。

3．手抜きをしてしまう
　また，学生と教員のそれぞれの姿勢についての一言もあった。

「暇」
——ぶっちゃけいうと，もうめっちゃ授業，聞いてないから。携帯，延々
いじってる。その，暇ですね。ほんまにぶっちゃけると，ペン持って授業
なんてマジでやってないんですよ。ノートとって，みたいな。だからやる
意味あんまない，みたいな。（Eさん）

「堕落」
——初めの方とか結構手抜いてたような印象でしたね。めっちゃ先生には
失礼ですけど。大学の授業は，90分をやらないといけないって聞いてた
んですよ。でもオンライン授業だと，結構40分ぐらいですぐ終わったり
とか。でも，今は全然，思わない。後期になってから。（Fさん）

　オンライン授業は，真面目に受けるようなものではなく，とにかく暇で，や
る気になれず，本当にやる意味があるのか，と語る学生もいる。一方，学生だ
けでなく教員側にも手抜きや堕落のようなものがあったのではないか，という
率直な声も聞かれた。後期になって授業改善はなされたようであるが，いずれ
にせよ，授業の質は教員によってバラバラであったということと，授業の質と
学生の授業に対するモチベーションとは表裏一体であったということが窺え
る。

4．人との関わりが変わった
　また，授業そのものよりも，人との関わり方に焦点をあてた一言もあった。

「一方通行」
——一方通行。結構，ネガティブかもしれないですね。そうです。先生か
ら大学生もそうだし，大学生から教師も同じ。そうですね。友達間の関わ
りも結構，この双方向が何回も，ラリーが続く程ではないみたいな。（G
さん）

「画面が友達」
——明らかにマイナスな言葉で表すのは確かで，苦とか，修行とか。本当
にどちらかと言うと，自分の身を削ってるし，何だろうな。本当に言葉に
表すとしたら，パソコンが友達とか。画面が友達とかですかね。（Hさん）

「パソコンとにらめっこ」
　──ずっと見てるっていうのはあります。ずっと見てるのが一番大きいかな。内容どうこうよりも。パソコン大活躍，とか。一番に私は思い浮かびます。（ I さん）

　オンラインでのコミュニケーションは長く続くものではなく，パソコンの画面がまるで友達だとのやりきれない気持が表現されている。このように，オンライン授業での人との関わり合い方は，おおむねネガティブなイメージであった。

5．ポジティブに過ごす
　オンライン授業をネガティブに捉える学生が多いなかで，少数ではあるが，ポジティブな回答も出てきている。

「自分探し」
　──自分探しですかね。今までにない環境も多く存在したので，新しい自分に出会えたというか。この期間でみんなが病んだりしているのに，自分は病んでなかったりしたときに，自分はもしかしたら案外ポジティブなのかもしれないとか，よく質問していたことに自分でも驚いたり，自分はこんなに質問する人間だったんだとか。（ I さん）

「自由」
　──時間があったと思うんですけど，それを有効活用する人と，逆に縛られないとだらけてしまうっていう２種類の人がいたと思うんですけど，僕はすごい自分自身で時間を管理して割と有意義に使えたので時間がいっぱい頂けた分，すごいよかったですね…選択の自由があるっていうのがいいですかね。（ J さん）

　オンライン授業だと時間に余裕をもつことができ，自分のペースで進められるので，その分，自分を見つめなおしたり，他にやりたいことを実行できたりするという。このように自らを律し時間を計画的に活用できる学生は，かえって対面授業よりもオンライン授業を好む傾向にある。

6．非日常の体験

　大学の授業よりも，コロナ禍の社会がどうしても一言になって表現される，という学生もいた。

　「非日常」
　──日常ではないので。ですかね。そもそもコロナで，インフルエンザ以上に人工呼吸が必要になるレベルやったりとか，それこそ亡くなるレベルやったりとか，そういうレベルのウイルスが何百人って感染すること自体が，まずおかしいなと思うんですよ。日常ではないなって思いますね。その時点で非日常なのかなって。

　大学の授業自体を思い浮かべるよりも，コロナ禍の社会自体が非日常で，それゆえ大学の授業も日常ではなく，すべてが非日常的な体験であったというような捉え方をする者もいた。

7．授業経験の真意

　本質問では，8つのリサーチクエスチョンよりもネガティブなことを口にする学生が目立つ傾向にあった。その批判の矛先はおおむねオンライン授業の質に向けられているといえる。とりわけ課題の出し方や人との関わり方に不満を抱いていることが分かった。一方，オンライン授業をポジティブに捉える学生は，授業そのものに左右されることなく，自分のやりたいことや，やるべきことを自主的に取り組める者であることが分かった。ここに，オンライン授業の成否のカギの1つがあるといえるだろう。

　また，本質問は，8つのリサーチクエスチョンを実施した後，あらためてコロナ禍の授業経験を振り返り，そこからあらためて語り直すという性質のものであった。結果，他のリサーチクエスチョンの答えと比べて，ネガティブな語りが多かったように思われる。その原因の1つとして，ネガティビティバイアスの影響も考えられるだろう。と同時に，建前ではない批判的で率直な意見が述べやすい質問形体であったと理解することができる。いずれにせよ，学生の本音をある程度までは引き出せたと思われる。

8．体験と本音をどう引き出すのか

　「コロナ質調査」において，筆者は，第9章の「コロナ禍における学生のキャ

リアイメージ」と本章の「コロナ禍における授業経験の真意」を分析した。そこから，つぎの二つの質的調査方法に関わる課題が浮上した。

　　①学生の個人的体験をどう「言語化させる」のか
　　②語りのプロセスの変化と揺れを前提にどのような「質問創り」ができる
　　　のか

　①学生の個人的体験をどう「言語化させる」のか，という問題であるが，まず，学生に自らの「体験を言語化してもらう」ことは，それほど簡単なことではない，ということを前提に調査デザインする必要があると思われる。本質問では他の8つのリサーチクエスチョンよりもネガティブな発言や本音と捉えられるような発言が多い傾向にあったように，インタビューの流れの中で，話の方向性や考え方などが変わる可能性がある。また，それらはインタビュアーとの関係性や質問の出され方などによっても左右される。そして，なによりも，その人の言語能力に依存している，というところが非常に大きく，それらによって「二重の揺れ」が起きている可能性が考察される。つまり，学生の語りの「揺れ」とインタビュー側による「揺れ」である。

　そのような課題を確認したうえで，②語りのプロセスの変化と揺れを前提にどのような「質問創り」ができるか，という問題を考えてみると，本章で取り上げた「コロナ禍の授業を一言で表現すると？　その心は？」という質問形式から有益な示唆が得られるように思われる。この質問形式は，先述した通り，8つのリサーチクエスチョンが「情報を聴取する」ことが目的なのに対して，自らの体験をいったんワンワードで象徴化し，そこから「体験の真意を引き出そう」とすることにある。日常会話でも，もってまわった言い方や，暗に何かを含むような言い方をされた場合に，単刀直入に言ってもらえるよう「その心は？」などと「問い返し」をする。この「問い返し」によって，ある言葉や行動の本当の意味するところ・真意・主旨をあらためて引き出すことが期待できるのである。さらに，8つのリサーチクエスチョンの後に問われることから，それまでのインタビュー内容の振り返りや総括的な要素をもち，これまでの「揺れ」を俯瞰または訂正するような機会を設けることができる。今後は，本質問の形式や「問い返し」の性質とその効果などについてより詳しく分析することで，「体験と本音を引き出す」質的調査の方法を検討していきたいと思う。

第 11 章

コロナ禍で戸惑い立ち向かう大学生

—— 山田嘉徳

はじめに

　コロナ禍においてキャンパスへの立ち入りが制限され，自粛を要請された学生は率直にどのような不安や戸惑いを抱えていたのか，そしてその現実にどのように向き合い，解決に向けてどのように対処したのか。本章ではコロナ禍におけるこうした学生の複雑な心境やそこから見えてくる学生像について，"気掛かり"を問うことから考察していく。先立って，先行する調査でもこの学生の気掛かりさの把握が試みられてきたことを確認しておきたい。例えば全国大学生活協同組合連合会が行った Web アンケート調査（2020 年 10 月〜11 月にかけて 19,929 名を対象に実施し，地域・大学設置者・大学の規模などの構成比を考慮して抽出された有効回答 11,028 名に対し分析がなされたもの）によると，そこでは気掛かりとも関連が深いと考えられる，大学生活が充実しているかどうかを問う"充実度"が一つの指標に用いられ，授業形態に焦点を当てた学年別での分析がなされている（気掛かりが解消されないままであれば，充実度は低まりを見せる）（全国大学生活協同組合連合会，　2021）。そこでは 1 年生と，2 年生〜4 年生との間では充実度において対面授業とオンライン授業，あるいはそれらの組み合わせといった授業形態の違いによって，その程度は異なる様態を見せていることが示されている。つまり 1 年生においては，対面授業の比率が高いほど，充実度に高まりを見せていること，2 年生〜4 年生ではそうした関連は見られず，特に 4 年生においてはむしろ，対面・オンラインの授業形態に関係なく，充実度という点においては一定の高まりを見せた結果となっていた（**図表 11 − 1**）。もちろん，こうしたある種の内面的な不安や戸惑いというのは，個人差もきわめて大きいということは念頭に置いた上で（濱名，　2021），一定の知見の普遍性を見据えた分析とするために学年別の違いという視点にも目配せして考察する。

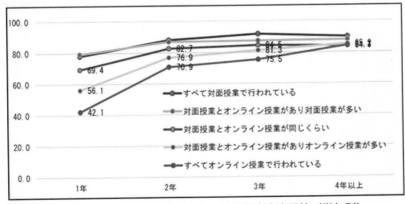

図表 11 － 1　授業形態ごとの大学生活充実度回答（学年別）
出典：全国大学生活協同組合連合会（2021）

1．気掛かりをどのように捉えたのか

　インタビュー調査での聞き取り方については，「はい，いいえ」などの回答範囲を設けずに，学生が自由に返答できるオープンクエスチョンの形式でなされた。具体的には，「このコロナ禍の状況をどう捉えてどう対処したかということから聞いていきますが，コロナ禍の状況の中，大学○年生を迎えた当初，□□さんにとって何が気掛かりだったでしょうか」（○には学年が，□□には名前がそれぞれ入る）などとして問いかけがなされた。そしてその具体的な状況やそれへの対処について，インタビュアーが学生の応答に則して探っていった。分析の手続きとしては，インタビューの語りを通読した後，内容をカテゴリー的に分類し，またそれぞれの語りの理由や背景について解釈を進めた。この作業は，他のすべてのインタビューの語りとも対比しながら帰納的に行った。

　ただしこの気掛かりさの設問の分析で気をつけたいのは，これがインタビュー全体の最初になされた問いであり，また，それによりこの問いにのみ焦点化した学年別の解釈的な分析が一定の妥当性を持ち得るのか，という点である。そこでまず，インタビュアーによる質問とそれに対するインタビュイーである学生の応答による質問―応答の会話をセットにし，有効ターンと捉え，これを「1」とカウントし，学年ごとに集計し，大きな偏りがでなかったかどうか，会話内容にも留意して調べてみた[1]。すると全体の有効ターン数の平均は3.80（標準偏差1.72）で，学年別にみると1年生は3.80（標準偏差1.92），2年生は4.20（標準偏差2.28），3年生は3.60（標準偏差2.88），4年生は3.40（標

準偏差 1.52）となっており，結果として，学年別で有効ターン数に統計的な差も見られなかった[2]。仮に学年別に有意な差がみられたなら，その差（つまり特定の学年においてのみ，語りの深度や水準に違いがあるということ）を鑑みた上での解釈もあわせて必要になると考えられたが，今回，それがみられなかったので，ここでは語りをこの意味において抽象度の水準を一定程度高めて捉えていく分析というのは，一定の妥当性を有したかたちで可能になるものと判断した。

2．どのような気掛かりを抱えていたのか

　次にインタビューの語りに沿って，どのような気掛かりを抱えていたのかを分析的に見ていく。なお文中のインタビューの語りに関して，＜＞，【】，「」はそれぞれ語りの内容の大分類，分析的に生成したカテゴリー，実際の語りを示す。また，インタビューでの特徴的な発言や典型性があると判断された発言については適宜，紹介することとした。インタビュー中の（　）や下線は，筆者による補足を示し，また語りを引用して記述する際には当該学生の学年も付記した。

図表 11―2　学年別にみるコロナ禍中における学生の気掛かりの内容

	1年生	2年生	3年生	4年生
オンライン学習	4	3		
友人関係・コミュニケーション		1	1	
家庭環境			1	
実験・実習			2	1
就職活動・キャリア			1	1
卒業論文				1
なし	1	1		2

　図表11－2に気掛かりの内容を学年別にまとめ，整理した。まず気づくのは，＜オンライン学習＞に気掛かりを抱えていた者はすべて，今回は低学年層に該当し，対象学年は1年生と2年生のみであった。＜オンライン学習＞に関する気掛かりの中身は，【パソコンの操作が苦手でうまく学習に取り組むことができるか】，【オンラインによる試験にどのように対応すればよいか】，【課題提出のやり方がよくわからない／出席はどのような扱いとなるのか】，【課題提出がうまくできるか／単位を取得できるのか】，さらに【教員の連絡先が明記されていたとしても気軽にメールでは聞けない】，【大学からの授業案内の中身

が理解しにくいため大学生活に出遅れてしまうのではないか】といったものである。これらは大学生としての当たり前の学習が果たして可能になるのかという切実な戸惑いや懸念に触れるものといえ，これまでの様々な調査でも指摘されたことである。インタビューでもそのことが語られており，発言の背景には総じて強い学業不安があることも見えてきた。特に大学での学びに対し，期待を強く持った 1 年生にとっては，こうした気掛かりは当初のキャンパスライフの理想と現実の厳しく切実なギャップとして経験されるものであった。

　他方，3 年生と 4 年生を含む高学年層では＜実験・実習＞，＜就職活動・キャリア＞，＜卒業論文＞に気掛かりを抱えていた。これらはいずれも，卒業後の自らの将来に直結するものでもある。資格取得にも関連する必修の演習科目では，強い不安を抱えている様子が見えてきた。例えば【教職課程の実習がきちんと行われるのかどうか】，【通常であれば大学で行う実験を自宅でうまくできるか】，【必修の実習系科目をどのように受講することができるのか】，【卒論を書き上げられるかどうか／卒論指導を適切に受けることができるかどうか】，【明確ではないが自分の将来についてよく考えないといけない】などは，いずれも切迫感のあるもので，現実にどう向き合っていけばよいかという課題認識がそこには立ち現われていた。ここには学生一人ひとりの直面化した問題への向き合い方も垣間見える。

　そして，20 名中 4 名の学生については，気掛かりは＜なし＞としていた。実際の語りもあわせてみていくと，「オンラインっていう状況に慣れ始めたころ」（1 年生）からの心境について，当初はショックだったが，むしろオンライン型授業が続くとそれに慣れてしまって，授業では対面方式をとらないことをむしろ“ラッキー”と思うようになるという心境の変化を示すケースがあった。一方，「高校のときオンライン授業だった」（2 年生）と大学入学前までの学習状況に言及し，通信制高校に通っていたので自宅で不便なく学習できてレポートにも困った点は特になく学習に取り組むことができたと語る者もいた。あるいは「オンラインになったことによってその時間をうまく活用」（4 年生）するかたちで，むしろ「別にみんなで集まっても何もすることはない」として一対一の指導で受けられて効率がよい，という発言があった。

　　　オンラインって決まったときは，正直，結構ショックで。だって，大学生ってなんやろうみたいな感じだったんで（中略）日本とかがすごいコロナ感染者が多くて，コロナで仕方なくなんやなって納得するしかなくて。けど，

そのオンラインっていう状況に慣れ始めたころですかね。１カ月後とか２カ月後とか，オンラインを習慣化されたころに，もうオンラインが普通になってしまってて。そのころには。もうずっとこれでいいやとか，そういう気持ちになっちゃってて。ちょっと投げやりなころやったかもしれないです（中略）１カ月，２カ月ぐらいって，人がそれに対して習慣化されていく期間というか，大体それぐらいで習慣化されちゃうんで，それが当たり前になってたんで。それを苦痛って思わなくなってきた時期やったんで（中略）周りの大学とか，対面再開してるところはしてて７月で。それで自分の大学，まだ全然，ずっとオンラインっていう感じやって，それでラッキーって思ったのかもしれないですね。

気掛かりとかは特になかったですね。初めのほうは，急にっていう感じだったんよね，確か。急にバッて広がって，急に，本当に多分３月末ぐらいに，やりませんって，開講しませんってなって，最初はラッキーって感じでしたね。始まらんわみたいな。そっから多分５，６月で，オンライン要素の授業がちょこちょこ始まってきて。そうですね。確かそのときは，高校が通信制だったんです。そうなんで，高校のときオンライン授業だったので，慣れてたというか，不便とか，びっくりしたとか，やりづらいとかは特になくって。逆に行かなくていいし，レポート出せば終わるし，家の時間増えるし，エンジョイしてましたね。

私は，そのオンラインになったことによってその時間をうまく活用して，他の資格の勉強とかをできたので，自分の時間を多くつくることができたから。オンラインと対面と，両方，うまい具合にあるほうがいいのかなっていうのは思いました（中略）卒論なんで，個人で進めていくことなんで，別にみんなで集まっても何もすることはないというか。効率は，全然，一対一のほうがいいなと思います。

　他方で，「別にそこまで見なくても，面白さとかがないというか。だから，つまんないっていう言い方，悪い言い方になってしまうんですけど。ただ聞いているだけみたいな感じ」（４年生）という次の発話の下線部にあるように，興味を持ちにくい一方通行型のオンライン授業ではモチベーションの維持が難しいのではないかとする厳しい意見もあった。

　まず，ちゃんと授業を受けられるのかということと，接続とかそういった，インターネット状況だったり。あとは，特にないですかね。やっぱり，ちょっと集中できなかったりとか，そういうのもあったんですけど，でもそこまで，そんな，思ってた以上に不安，思ってた以上に心配しなくてよかったなっていうのはあります。別に，先生，YouTube とかの配信とかの場合は，その授業とか，別にそこまで見なくても，<u>面白さとかがないというか。だから，つまんないっていう言い方，悪い言い方になってしまうんですけど。ただ聞いているだけみたいな感じになって，で，それに対してレポートするみたいな感じなんで</u>。なんかモチベーションがすごく難しかったかなっていうのはありますね。

　以上のように気掛かりが＜なし＞とあっても，様々な事情を抱えてることが読み取れる。なお本章では取り上げなかったが＜友人関係・コミュニケーション＞と＜家庭環境＞について，これらは学生生活をめぐる幅広い領域の関心事に通じる内容といえる。特にコミュニケーションについての詳細は，学生の友人関係という側面に即して見ていくことが適当といえる。ここではこの点を指摘するに留め，その中身は第8章において詳しく触れられているため，そちらを参照して頂きたい。

3．気掛かりな状況への解決に向けてどう対処したのか
―コロナ禍における学生の姿を探る視点づくりのために

　さて，以上のように個別に事情の大きく異なる気掛かりの内容を通覧してみると，その背景にはやはり，学生一人ひとりの学習観や大学生活への期待あるいは諦念のようなものが透けて見えてくることがわかった。では全体としては，何らかの気掛かりのあった今回対象となった16名の学生は，どのようにそれらに対処したのだろうか。この問いから，コロナ禍における学生の姿を探るための視点について考えてみたい。

　結果として，インタビューでの語りからは，16名中13名が何らかの対処をし，解決に向けて行動を起こしていたことがわかった。紙幅の都合から，ここでは＜オンライン学習＞，＜実験・実習＞に焦点を当てる。まず，初年次ゼミ等の授業で知り合いができ，そこでの情報交換をもって学習にあたることで不安が実質的に解消されたと述べた者が複数いた。例えば，「困ったときは，クラス

のグループの人に聞いたり，あと，ネットで調べたりして（中略）最終的には，クラスのちょっとパソコンが得意な子に教えてもらって，自分のできなかったところは気付きました」と語る者がいた（1年生）。また，教員による支援のあり方に目を向け，「課題をするときに先生から，他の人と話すことを促される」と語る者もいた（1年生）。こうした語りから，担当教員による学習環境づくりや仲間づくりに対する配慮の姿勢があることもが改めて窺えた。この状況下でも，むしろこの状況だからこそ，少しでも大学生活を円滑におくることができるようにとの教員の努力や願いが具体的な修学上にまつわる配慮というかたちで伝わってくる。

　　（課題提出のやり方に関して）困ったときは，クラスのグループの人に聞いたり，あと，ネットで調べたりして，やり方は全部自分でやりました。でも，最終的には，クラスのちょっとパソコンが得意な子に教えてもらって，自分のできなかったところは気付きました。

　　（オンライン上で課された課題への取り組みに関して）分からなかったから，お互い教えようもあるし，課題をするときに先生から，他の人と話すことを促されるというか。議論をして，こたえたほうがいいよみたいなことも言われたりすると（中略）（オンライン上で公開された課題の成果物を）見ます。

　その一方，オンライン学習におけるオンオフの切り替えの難しさに言及する学生，あるいはそもそも授業とは知識を授かるところだとする受け身の学生の姿勢も見えてきた。他方で，学び方が十分に教授されないまま，課題を出すことのみが要請されるという空疎な時間や場が存在していたということが，痛ましくも明るみになってしまうケースもあった。

　以上から，自らの学習を計画的に進めていく，そのための方略を探っていく，友人関係を積極的に活用していく，といった何らかの修学的な支援や手だてをもって主体的な学びができ得るケースと，自ら学びを進めていく方略にはまだ馴染みがないために結果として学業に困難さを抱えてしまう，あるいは支援や手だてがないと学びの停滞が助長されてしまうといったケースが，明瞭な対立軸として見えてきた。

　特に象徴的であるのは，とりわけ後者の，受け身の学生の姿勢という観点に

ついてである。例えば＜実験・実習＞において十分な学びができないという問題の解決に向けて行動し得なかった一人の学生は，大学からの"サービス"を受け取ることができなかったとし，不満や不全感を強くあらわしていた。その不満の心情の背後にあったのは，知識やスキルは大学側から享受されてしかるべきであるのに「教育」を受益できなかったとする現実の受け入れの困難さや苛立ちであった。具体的には，オンライン授業において「お金払って得るもの」はなかったと述べ，オンライン学習の効果は全くなかったと言及しつつも，他方では，「教壇に立つスキルっていうのが必要になってくる」と課題認識を示しつつ，今後，どう学びを進めていけばよいのか戸惑いや不安をあらわにしながら現状の如何ともしがたさを悲壮な面持ちで吐露していたのである（3 年生）。

　　大学生って本質を突き詰めると，勉強したいからお金を払って学校に行ってるというわけなので，お金を払って得てるものは知識とか，そういう自分のスキルになってるはずなので，お金払って得るものって考えると明らかに質とかは，学びの，受け方とかの分かりやすさとかも断然的に，絶対，対面のほうがいいなっていうのはすごいあって。なので，やっぱり不便はそういうところですかね。この後，教育実習に行くとかってなると，明らかに教壇に立つスキルっていうのが必要になってくるだろうし，それはやっぱり，いざ立ってみないと分からないことだから，実習でその不安を少しでも消すってところが大事だと思うんですけど，それに，このオンラインのちょっと慣れない手順での授業とかをってなると，本当にこのまま教師になれるのかなっていうところが，すごい気掛かりなところですね。

　ここから，質的に探ることで見えてきた気掛かりへの対処のできなさという視点が，はからずも "生徒的振舞い"（例えば，杉谷（2018））の複雑な心理的側面を如実に映し出すこととなったとも捉えられるのである。

おわりに
　以上のように，あえて大きな視点から学生がどのような気掛かりを抱えているのか見てきたのは，そうした感受的な概念を用いてまずは学生の受け止め方を広く探り，そこからどのような学生像が浮かび上がるのかという問いがあったからである。つまり今回，キャンパスへの立ち入りが制限されるほどの甚大なインパクトが大学教育という場で不可避にもたらされ，程度の差こそあれ学

生の学び方が大きく変更され得る事態があった。しかしそこからは，一人ひとり異なる受け止め方をもった個別性の高い学生の姿の一端も，この状況下の質的な調査だからこそリアルに浮き彫りにされていったという側面もあったわけである。実際に様々な調査で修学をめぐる安心のできなさにおいて，個人差が大きいということが確認されており，一定の対策をとったとしても，不安に感じる学生は必ず一定数いるということも指摘されており（例えば，濱名，2021），今回の分析からもそのような様態が明らかにされた。こうした知見を踏まえると，つまり学生の大学教育に対する意識，すなわち大学（教育）観や学びに対する志向性やそれ自体の認識のあり方からしっかりと掬いあげた上で，十分な交流や支援を受けることができていない学生への対応支援のあり方が問われていく必要があるといえるだろう。また，この意味においてコロナ禍という事態の受け止め方について気掛かりを介して質的に見ていく作業を通じ，学生がどう現実を受け止め，学びに向き合っているのかについて帰納的に接近することを通して，ある種の固定的で一元的な学生像の見方それ自体を問い直す，あるいは丁寧に見つめ直すための視点づくりに寄与することが可能になる。まさにこの点において質的研究の意義を見いだすことができよう。質的研究の可能性というのは，そうした丁寧な捉え直しのための反省的なものの見方や視点が提起できるという点にあるのであり，そのための方法の模索を今後も続けていくことが求められる。

注

1　この集計の手続きにおいては，聴き取り不可の箇所は分析から除外し，インタビューイーに同意を求めるような確認を趣旨とする類の質問は除いた。また気掛かりさ以外の問いを発しているものも除いた。さらに会話を円滑に遂行することに寄与する「なるほど」や「はい」などの相槌もここでは除外した。なおインタビュー中，携帯電話の着信音で会話が中断されているものが1件あったが，これは，同一の流れのなかでなされた会話であるから，あえて区切ることはしなかった。

2　一要因による分散分析の結果は，$F(3, 19) = 0.12, n.s.$　$\eta^2 = .02$ であった。

文献

濱名篤（2021）「コロナ禍における学生の不安と支援のあり方―安全対策以上に求められる安心対策―学生の実態状況調査」『リクルートカレッジマネジメント』39 (2)，30-33.

杉谷祐美子（2018）「『生徒化』している大学生と『学生化』への移行」『第3回　大学生の学習・生活実態調査報告書』58-69.

全国大学生活協同組合連合会（2021）『第56回学生生活実態調査の概要報告　速報―大学生活充実度と登校（登校日数・授業形態・サークル加入）の関係について―』（https://www.univcoop.or.jp/press/life/report56_01.html）（2021年9月17日）

第 12 章
「コロナ禍における学生の学び」の質的調査座談会

———————————————————————— 上畠洋佑

はじめに

　本書はコロナ禍中にあった大学生の生の声を，時宜にかなった質的研究成果の発信として多くの人々に届けることを目的として編まれたものである。つまり，多様な読者を想定しており，読みやすさと研究における厳密性のバランスを取ることを目指している。これにより本書をノンフィクションであると考えるものもいれば，質的な大学生調査の事例集や質的研究に関する専門書と認識するものもいることを執筆者たちは想定している。

　このような目的を持った本書では，第 3 章から第 11 章にわたって各執筆者の RQ（問い）に基づいてコロナ禍における学生の声を掬いあげてきた[1]。これら各章は独立しているのではなく，それぞれが連環しあっていることを執筆者の間で共有認識していたが，一堂に会して「『コロナ禍における学生の学び』の質的調査」（以下「コロナ質調査」）結果に関する議論はしてこなかった。そこで，コロナ質調査全体を振り返り，研究成果について相互に議論する場を設けるために，Zoom を利用して 2021 年 3 月 22 日にオンライン座談会を実施した[2]。

　本章ではこの座談会の逐語録を各話者単位で整理し，コロナ質調査の振り返りとして記述していく。とくに「コロナ質調査を通して学生の声を掬えたのか」と「コロナ質調査を通した質的研究者の思い」に焦点化してまとめていく。

1．コロナ質調査を通して学生の声を掬えたのか

（服部：第 3 章執筆）　いろいろなタイプの学生がいて，学生のコロナ禍における大学教育への考え方も多様だということがわかりました。このような点から，学生のいろいろな意見を拾えたという意味ではある程度「掬えた」のだと思います。また，学生でなければ分からないところもこの調査から拾うことができ

ました。

　一方で，学びに背を向けている学生の声は「掬えて」いない可能性が高いと思います。今回の調査に協力した学生は「研究者に身近な善き学生じゃないか」と指摘されたら，その可能性は完全に否定はできないでしょう。学生の声を全部「掬えた」のかどうかとなると，それは自分の中で疑問が残ります。

（山路：第4章，6章執筆）　質問紙調査の量的分析との比較で言えば，特定の個人がトピック間のつながりについて説明する声をある程度「掬う」ことができたと思います。例えば，友人との「電話」を以前は「したことがなかった」ことや，教員へのメールが「具体的な内容を求める」ものへ変わったのは「自分でどうにかするしかない」と思ったなどのような，出来事や行動に対する変化や想いをセットで語ってもらうことができたと思っています。

　私が「掬えなかった」と思う点は，コロナ禍以前の学習経験や新学年の学習に対して思い描いていたイメージ，コロナ禍下で自分や他者に対して新たに気づいたことなど，その人の大学で学ぶことの価値観まで聞けたら，インタビューに対する質的アプローチとしては，より多くを「掬えた」のだろうと思います。

（西野：第5章執筆）　コロナ質調査で私がたてた RQ に似た問いを用いて，別のインタビュー調査をしました。この調査では，学生だけでなく教員にもインタビューしました。学生自身の声を聞くだけでなくて，他者である教員から見た学生がどのように見えるのかを捉えるという点に，実はもっと深い面白さがあるのかもしれないと考えたからです。例えば，学生が自分の学習成果について語ることの難しさが考えられます。コロナ質調査において，教職員など第三者的立場の人から見て学生の学びがどうであったのかという声も聞けると，さらに学生の学びの実態を多面的に「掬えた」のではないかと思います。

　また，自分がインタビューしていない学生のインタビューデータを分析する難しさも，学生の声を「掬えた」のかという疑問につながっています。自らがインタビューした学生の場合，学生が直面している現状などをよく知った上で直接聞けているので深掘りができたという実感がありました。しかし，他研究者がインタビューを実施した後に文字化された逐語録から分析する場合，調査アプローチの面でも分析の面でもきちんと学生の声を「掬えた」のかは自信がありません。

（山咲：第8章執筆） コロナ質調査では，コロナ禍において誰にも相談できずに本当に困っている学生，抱えている困難や問題が表には現れにくい学生の声を「掬えて」いません。このような学生は，授業の出席状況や学期ごとの成績，単位習得状況，成績発表といった機会や，学生自身からの「休学します」「退学します」といった突然の申し出によって明らかになります。これは，インタビューを用いた質的な学生調査だけでなく，アンケートを用いた量的な調査でも同様に問題を顕在化させることは困難です。アカデミック・アドバイザーやカウンセラーなどの学生・学修支援専門職の方が中心となった学内外での連携を通じて，困難や問題を抱える学生の把握を行うとともに，それぞれの立場からアプローチしていくことがとても大事であると考えます。

（谷：第9章，10章執筆） これまでの私の経験から言いますと，学生に「体験を言語化してもらう」ことは，それほど簡単なことではないと思います。人は自分で話しながら体験を振り返り，話を組み立てていきます。その間に話の方向性が変わったり，考え方が変わったりする可能性もあります。また，話をしている時の気分や，インタビュアーとの関係性，質問の出され方によっても，回答の内容が異なってくることもあります。また，その人の言語能力によるところも非常に大きいと思います。そして，そこにはさまざまな「揺れ」が生じてきます。そう考えたときに，今回のインタビューの結果に「揺れ」があることは，まずは，一定程度の生の声を「掬えた」と考えてよいかと思います。ただし，この「揺れ」が生じることを前提に，インタビューが本当にできていたのか，というと，改善の余地はまだあると思います。学生の声を真に「掬う」には，彼ら自身がいまだ気が付いていない，あるいは言語化できていないものを「引き出す」姿勢や技術が必要になると思います。たとえば，今回は，インタビューは1時間という制約を7人の調査者間で設けていました。これは，学生への質問の仕方に共通性を担保するためですが，学生の体験を「引き出す」ためには，杓子定規な方法だけでは成り立たない，ということも考慮に入れておくべきだったと思います。どのように学生の体験を「引き出す」ことができるのか，そのあたりの方法も今後の課題になるかと思います。

（山田：第11章執筆） 方法に限って言いますと，インタビューガイドを丁寧に作り込んでいたことが，調査者が学生の声を「掬う」際の支えになっていたということはあったと思います。例えば，インタビューをしている時に「この

趣旨で聞けばいいのかな」と迷った時にガイドに立ち返ったり，「ここはおさ
えなければ」という意識を持って集中して質問することができました。実際に，
インタビューの逐語録の各所を見ると，話が脱線しているので元の質問に戻ろ
うという趣旨の発言をインタビュアーがしていました。

　ただインタビューガイド通りの構造的なインタビューとともに，むしろ今回
の調査の制約上十分に取り入れることが難しかった，時に話が脱線しながら学
生が話しやすい空間を作り出す「揺れ」が生まれることを見すえた構造的でな
いインタビューをどう両立させていくのか，こうした調査の方法についても今
後検討することが重要ではないかと考えます。

2．コロナ質調査を通した質的研究者の思い

（服部：第3章執筆）　コロナ質調査では8つの共通質問を設けて，質問の意図
を細かく記載したインタビューガイド（参考資料3）を用いて調査実施しまし
たが，他者の RQ を問うこと，つまり他者の研究関心を自らに寄せてインタ
ビューで収集していくことがとても難しいことであるという気づきがありまし
た。

　また，自分のインタビュー方法にも気づきがありました。私はインタビュー
調査をする際に，インタビュイーが話しやすいようにすることを心掛けていま
す。例えば，自分の関心と相手の関心の共通項を見つけてスポットをあてて，
少し話を脱線させて相手をリラックスさせた後に，話を元の焦点に戻していく
方法をとります。私のようなインタビュー法がある一方で，淡々と堅実に聞い
ていくスタイルのインタビューもありました。今回のコロナ質調査のように，
チームでインタビュー調査をすることにより，調査対象者へのアプローチの仕
方について相対的に見ることができたとともに，自らのインタビュー法を振り
返ることができた良い学びの機会になったと感じています。

（山路：第4章，6章執筆）　私にとってインタビュイーとインタビュアーの顔
が揃った動画記録が残るのはこの調査が初めての経験で，動画記録を見返した
ときに自分にインタビューされる側の視点から振り返ることができました。失
敗したと思ったのは，学生が話を一区切りした時に，私がインタビューガイド
に記載された内容を十分に聞けているかを考えすぎて目線を下げている間，学
生が不安げにこちらを見つめていたことです。学生目線で自分の所作を見ると，
語ったことが求められたものと違っていたり不十分であったりしたのではと思

わせているように感じました。画面で切り取られて私の手元のガイドやメモは映っていないためです。十分に語ってくれていましたが，顔を上げて次の話を始めるまでの間合いの中でその都度不安にさせたかもしれない，これは失敗したと思いました。この経験を学びに変えて，次のインタビューでは，手元を見なくても自信をもって臨めるほどガイドの内容を記憶して目線を外さなかったことによりこのような失敗は起こりませんでした。

　20 名の語りの内容から学んだことで言えば，今まで大学の学びをかしこまったものとして，授業でいかに理解を深めるかなどの観点で考えることが多かった自分に気づきました。学生にとって休憩時間が，ただ頭を休めるとか体をほぐすためのものではなく，そこが雑談を含めての軽い疑問の解消や意欲の源になっていて，学びにとって重要な役割を果たしていると学生の声から聞くことができ，学びを捉える視点を修正する発見であったと感じています。

（西野：第 5 章執筆）　自分が知っている学生のインタビューだと，その学生の背景が分かるからこそ「授業の裏でそんなことあったの？」といった新鮮な気持ちで聞くことができた点が面白く感じました。普段の授業では真面目に授業の裏側の話は聞かないので，自分の知ってる学生だからこそ，特に意外なことや新鮮に感じることがあったところが非常に興味深かったです。

　コロナ質調査全体について言えば学びを得たというよりも，質的調査・研究としての今後の課題が多くあったように感じています。調査対象のサンプリング，調査対象者へのアプローチ方法，インタビューガイド，分析の信頼性についての不安は，本プロジェクトに関わった全ての方が認識されており，私も同様に捉えています。特に私は別のインタビュー調査を実施し，その分析結果と違っていた点から，コロナ質調査における分析結果が間違っていたのではないかという気持ちが自分の中に強く残っています。今後も，質的調査の信頼性をどう高めていけばよいかという関心を持ち続けて研究活動を続けていきたいと思います。

（上畠：第 7 章執筆）　物理的な距離などの制約を受けない Zoom を用いたオンラインインタビューは，質的調査アプローチの新たな手段になったと感じています。また，インタビュー動画のレコーディングが手軽になったことにより調査者はインタビューの振り返りを容易にでき，インタビュー技術の向上につながる可能性も出てきたと思います。

私はノートパソコンの画面と外付けのディスプレイを併用して，デュアルモニターでインタビューを実施していました。これにより画面の大きな見やすい外付けディスプレイに目線がいってしまい，Zoom画面上の私の視線はインタビュイーである学生と向き合っていませんでした。一方で，対面でのオンサイトインタビューをオンラインインタビューで再現するように，Zoomのスピーカービューを用いて実施している方もいました。このようなオンラインインタビューの研究対象へのアプローチ方法における差異は，アフターコロナの質的研究において，重要なポイントになるのではないかと考えています。

　私のコロナ質調査を通した学びは，自分がインタビューした逐語録を読むことと，他者がインタビューした逐語録を読むことは全く別物であるということが実際の経験を通してわかったということです。このギャップを少しでも埋めることができたのがZoomの動画記録です。逐語録の記載と動画記録で語られている場面を重ねあわせて見ることにより，逐語録の理解や解釈が深まったと感じました。今後，質的オンライン調査が広まっていく中で，インタビューデータとしての文字情報，音声情報，映像情報の特徴や差異はどのようなものがあるのか非常に興味があります。本プロジェクトの延長線として，質的オンライン調査・研究法に着目し，突き詰めていくことが重要であると感じました。

（山咲：第8章執筆）　インタビューガイド通りにやらなければならないという意識を強くもってしまい，学生の声を聞いてはいるのですが，上の空で聞いてしまっていたところがあったと反省しています。また，インタビュー中にどこを掘り下げようかと考えて聞いていた部分もあり，学生の語りのなかでも具体的な内容が抜け落ちることもありました。その点，Zoomの動画記録で見返すことができたのは，分析を行う上で大きな支えとなりました。

　このような時間的制限のある難易度の高いインタビューの中でも，学生が「ここがもやもやしたんですよね」とか「この時しんどいと思ったんですよね」というような感情を表出させたところに焦点を当てて掘り下げることができた点は，自らの質的調査におけるインタビュー方法を見出すきっかけにつながったと考えています。

　コロナ質調査結果を分析している中で，予め調査者の間で学生の基礎的な情報や背景などを丁寧に共有して，この学生はこういった学生であるという情報を共有できていたら，インタビューでの深堀りの程度や，インタビューデータの分析結果も変化があったのではないかと推測します。このような点は，グルー

プでインタビュー調査をする際に起こりうることですので，私の今後の研究課題，いいかえれば質的研究における今後の学びの要点として心に留めておきたいと思います。

(谷：第 9 章，10 章執筆) コロナ質調査でのインタビューを通して，とくに印象に残ったことは，コミュニケーションが得意でない学生の様子を伺えたり，声を聞けたりしたことです。おそらく，そのような学生は全国の大学にいるはずなので，コロナ禍においてどのように大学生活を過ごしているのかとても気になっていました。Zoom で「顔出しをして授業受けるのが，本当はとても嫌」という学生が結構いるのは知っていましたが，この調査を通してそれをあらためて認識することができました。コロナ禍によって，学生のコミュニケーションについての問題や対人関係観があらためて浮き彫りになったと感じています。

　また，コロナ質調査を通してあらためて認識したことは，インタビューにかける時間をしっかりと設けることが非常に重要であるということです。インタビュー前半は時間に余裕があるように感じられて，学生からじっくりと話を聞く／聞きだすことができます。しかし後半になると，消化しきれていない質問の数が自らの焦りにつながっていきます。そうすると，どうしても後半の質問については十分に深堀ができていない，学生の声を掬えていない，と感じられました。おそらく 2 時間程度は必要であったと悔やまれました。

(山田：第 11 章執筆) 私がインタビューした学生は 1 年生が多かったです。コロナ禍において 1 年生が一番厳しい経験をしたのだと思います。そのため私は，学生にインタビューするとき「これ聞いて大丈夫かな」と緊張しながらこわごわ聞いていました。一方でインタビューは英語で書くと「inter－view」なので，調査対象である学生にしっかり向き合って入り込み（inter），見る（view）ということを改めて意識しインタビューを行いました。

　コロナ質調査を通した私の学びは，インタビューにおけるアプローチの多様さへの気づきにあります。つまり，インタビュアーの聞き取り方の多様さを知るとともに，自分にはないインタビュースキルをチームでコロナ質調査をやることによって学ぶことができました。私の RQ は「この状況にどう対処したか（つらい時／苦しい時の乗り越え方）」で，インタビューではオープンクエスチョン形式で，コロナ禍における学生の気掛かりを聞きました。ここでは，まず抽

象的なイメージを言葉として引き出し，そこから想起される具体的な事例を聞き出し，また抽象に戻るというサイクルでインタビューを行いました。こうすると，多くの学生が３サイクルで自らの気掛かりを語り終えることができます。一方で，調査対象との距離を適切に深めたり広げたりしながら，テンポよく，頻度高く質問を重ねてインタビューをしている方もいました。これは一問一答形式ではなく，まさに対話のようにインタビューデータを積み重ねて収集していくイメージでした。改めてインタビューにおいて調査対象の声を聞くということは，調査対象の心の中にある世界にまで深く入り込み，その中にある言葉を丁寧に掬い取っていくことであると思いました。

　最後にコロナ質調査で掬うことができなかった私の気掛かりがあります。それは，大学内における「偶発的な学び」が，コロナ禍において切断されてしまったのではないかということです。「偶発的な学び」とは，昼休み・授業と授業の隙間時間などに自然発生的に起こる学生同士の学びの交流などを意味します。これは，大学側としてはデザインすることが難しいけれど，豊かさがある学びです。これが，コロナ禍によりどのようになってしまったのか明らかにしたかったです。ただし一方で「偶発的な学び」を私たち教職員が整えたり，学生の手助けをすることができるのか，すべきなのかという迷いもあります。私たちができることは「偶発的な学び」が存在することを共通認識し，その偶発性，即応性，即時性を尊重し，そのデザインや「偶発的な学び」が起こっている具体的なイメージを持ってみることが必要なのかもしれません。

3．コロナ質調査の課題

　座談会における各執筆者の振り返りを総括すると，コロナ質調査は全ての学生の声を掬えきれていないが，社会や各大学に重要な気づきを与える声をたくさん掬ったものと考えられた。また，コロナ質調査を通した質的研究者の思いについては，質的調査実践を通した省察からの気づきが全員から見られた。それは，他者のインタビュー法との相対化を通した自身のインタビュースキルの向上の可能性（服部・山田），動画記録を用いた自身のインタビュー法改善（山路），質的研究者の研究への誠実さ（西野），質的オンライン調査・研究法の可能性（上畠），グループで行う質的調査における調査対象者の背景情報を調査者間で共有することの重要性（山咲），インタビュー時間の重要性（谷）である。

　コロナ質調査では，このような多様で奥深い学生の生の声を掬うことができ，質的研究者の実践としても大きな成果があったと実感する一方で，いくつかの

課題は存在する。その中でも「調査結果は少数意見だ」「調査対象者は研究者に身近な善き学生だ」という指摘として挙げられるコロナ質調査におけるサンプリング課題である。

　このような課題を解決する手法として質的アプローチと量的アプローチを掛け合わせた混合研究（MMR）がある。次章では，2021 年 2 月に実施した約 1,000 名の大学生を対象にしたインターネット調査結果と，コロナ質調査結果との掛け合わせによる混合研究の成果について報告する。

注
1　「掬う」とは，ごく小さいものなどを手・さじ等で汲み取ることを意味する。質的研究者がコロナ質調査を通して，様々な学生の声を取り零さずに汲み取って，社会に届けられたかを表現するための比喩として「掬う」という言葉を用いている。
2　本章執筆者（上畠）は，オンライン座談会当日は司会を担当した。

第13章
「コロナ禍における学生の学び」に関する混合研究

―――――――――――――――――――――――― 上畠洋佑

はじめに

　前章の最後でコロナ質調査にはサンプリング問題の可能性があると述べた。その解決手段として本プロジェクトでは，質的リサーチと量的リサーチを組み合わせた混合研究法（MMR：Mixed Method Research）を取り入れることとした。つまり，コロナ質調査結果に基づいて生成した数十の設問で構成する量的調査をウェブ調査（以下「コロナ・ウェブ調査」[1]）で実施することにより，コロナ質調査結果の妥当性の補完を試みたのである。

　コロナ・ウェブ調査結果の報告や混合研究法としての成果を示す前に，まずは混合研究法について整理したい。混合研究法が質的研究において注目されるようになった理由は「これまで，自然な状況において収集する記述データに根ざして知識構築を試みてきた質的研究者が，質的データから得られる解釈を補強する目的や，合目的的サンプリングに客観的根拠を与える目的で，研究に積極的に数量データを組み入れるようになってきた（抱井，2019：232）」ためであると言われている。つまり，コロナ質調査が直面したサンプリング課題は，質的研究者の多くが直面する研究上の課題なのである。

　抱井（2019：236）によれば混合研究法は次の３つの基本形デザインに分類される。一つ目は「収斂デザイン」であり，これは質的・量的データ収集・分析を並行して実施するという研究デザインである。二つ目は「説明的順序デザイン」である，量的調査結果を質的データで説明する研究デザインである。最後が「探索的順序デザイン」であり，質的データの結果に基づいて量的尺度を開発・検証したり，質的研究によって生成された仮説を量的研究で検証したりする研究デザインである。この混合研究法の分類から，コロナ質調査とコロナ・ウェブ調査を組み合わせた研究のデザインは「探索的順序デザイン」に分類される。

ちなみに，大学教育を取り扱う主要な学術雑誌に採択された質的研究論文の特長や課題を検討するために文献調査を行った山田ほか（2021）によれば，探索的順序デザインを用いた混合研究法の論文は全552本中5本（0.9％）であり，大学教育に関する研究領域においてその数が少ないことが示されている。そのような点から，本研究は試行的で調査設計や分析の面で不十分な点が多々あるが，大学教育研究分野における混合研究の端緒になるものと考えている。そのような点を踏まえて，本章をご覧いただければ幸いである。

1．コロナ・ウェブ調査の概要

コロナ・ウェブ調査は，大学生を含む若年層モニターを多く保有する株式会社テスティーに調査委託し，当社モニターとして登録されている全国の大学生を対象に2021年2月に実施した。コロナ・ウェブ調査のサンプルサイズは，研究費という現実と研究の目的を実現させるという希望の双方を総合的に勘案し，目標とする回収数を1,000名で設定した。また，学校基本調査に基づいた学年比[2]と男女比での割付を設定した。これに加えて，コロナ禍による大学教育への影響は地域差が大きいため，学校基本調査結果における都道府県別の大学生数の比率にあわせて，都道府県単位で割付設定を行うことを筆者は企図したが，1,000名ではそれが叶わない可能性が高いと考えた。そこで，特定警戒都道府県（東京，神奈川，埼玉，千葉，大阪，兵庫，福岡，北海道，茨城，石川，岐阜，愛知，京都）に在住の現役大学生の割合（76％）と，それ以外の地域に在住する現役大学生の割合（24％）を回収目標数として設定した。その結果，図表13－1の通り目標とする条件に概ね叶った回答者数を確保することができた。

図表13－1　コロナ・ウェブ調査の回収結果

学年	特定警戒都道府県		特定警戒都道府県以外		計
	男性	女性	男性	女性	
大学1年生	100	104	33	41	278
大学2年生	100	107	31	36	274
大学3年生	100	100	30	37	267
大学4年生	100	106	30	38	274
計		817		276	1,093

コロナ・ウェブ調査の全設問数は56問で，その構成は多肢選択式が52問，自由記述式が4問である。52問の多肢選択式の内，単回答51問で複数回答1

問である。なお，コロナ・ウェブ調査では，本書第3章から第11章で論じられたコロナ質調査分析結果全てについての設問を作成することは調査設計上の設問数に上限があったため叶わなかった。そこで，量的調査の設問として設計が容易であった第3章（服部），第4章（山路），第9章（谷）の分析結果を中心に作成した[3]。

2．コロナ質調査結果の妥当性検証
（1）第3章「コロナ禍における授業課題」（服部）について

　服部は本書第3章においてコロナ禍における授業課題についての学生の語りについて分析した結果を論じた。当章での服部の分析結果から筆者がコロナ・ウェブ調査の設問案を作成し，服部との協議の結果，図表13－2に記載した6つの設問を設定した。

図表13－2　授業課題に関する学生の考え

著者名 （章）	設問文	そう思う	どちらともいえない	そう思わない
服部 （第3章）	学生自身に考えさせる課題は，自分と向き合うことができたので，課題として効果的であると思う。	49%	34%	17%
	日常生活での新しい視点や気付きを与える課題は，すごく面白くて興味を持てると思う。	52%	32%	16%
	授業の振り返りとして課題に取り組むことで，授業内容が頭に残るものは良い課題だと思う。	57%	30%	13%
	課題が「こんな簡単なやつでいいのかな」と感じてしまう場合は，しっかりと勉強できているのか不安になる。	52%	31%	18%
	課題が出ない授業は，気が楽になるというよりも逆に不安になる。	37%	30%	33%
	ある講義科目では，対面の時は授業中に課題に取り組む時間が10分程度設けられていたが，オンラインになって授業中に課題に取り組む時間がなくなった。そのため，授業時間中に課題に取り組む時間を設けてほしいと思う。	45%	36%	19%

　リード文では「コロナ禍における大学の授業の課題に関して，次の発言を読んで，あなたの考えに当てはまるものを教えて下さい」と問いかけて，6つの設問について「とてもそう思う・そう思う・どちらとも言えない・そう思わな

い・全くそう思わない」の５件法で回答してもらった。なお，表中「そう思う」
の数値は，「とてもそう思う」と「そう思う」と回答した学生数を合計した値
の全体に占める割合を，「そう思わない」の数値は「全くそう思わない」と「そ
う思わない」と回答した学生を合計した値で算出している。以降で述べる山路
と谷の設問においても同様な手続きで回答値を集計している。

　コロナ・ウェブ調査を通したコロナ質調査の妥当性の検証という面では，第
３章で服部が分析した結果は，６つの内５つの設問において「そう思う」が
45％以上で，「どちらともいえない」「そう思わない」のそれぞれの値を上回っ
ているので，概ね妥当であったと考えられる。これに加えて，混合研究として
の２つの調査結果の総合的考察として注目する点について２つ述べたい。

　第一に「課題が出ない授業は，気が楽になるというよりも逆に不安になりま
す」という設問の結果である。表中の設問の内，唯一40％以下であるだけで
なく「そう思わない」学生が３割以上いることがわかる。この数値をそのまま
読み解くと，「課題が出ない授業を不安に感じる学生」「課題が出ない授業を不
安に感じない学生」がほぼ同じ割合でいることを示している。つまり，授業外
学習時間として設定されるべき授業課題がないことに不安を感じていない学生
が，調査回答者全体の３分の１以上おり，どちらともいえないと回答した学生
をあわせると６割以上であることを示している。第二に「ある講義科目では，
対面の時は授業中に課題に取り組む時間が10分程度設けられていましたが，
オンラインになって授業中に課題に取り組む時間がなくなりました。授業時間
中に課題に取り組む時間を設けてほしいと思います」という設問に「そう思う」
と回答した学生が45％いたことである。これら２点から考えると，第３章で
服部が指摘した通り，大学における単位の意味（単位数と要学習時間の関係）
を多くの学生が正しく理解していない可能性がコロナ・ウェブ調査結果でも示
されたものと考える。

　次に，服部のコロナ質調査の分析結果から示された学生が考える不適切な課
題についてのコロナ・ウェブ調査結果を示したい。ここでは「コロナ禍におけ
る大学の授業の課題について，不適切だと思うものすべてお選びください」と
問いかけて，コロナ質調査では学生から不適切なものとして挙げられた５つの
授業の課題について「不適切だと思う」ものについてチェックしてもらった[4]。
その結果についてまとめたものが**図表13－3**である。

　まずコロナ・ウェブ調査を通したコロナ質調査の妥当性の検証という面で結
果について見てみたい。「不適切だと思う」にチェックした回答者が半数以上

図表 13 － 3　学生が不適切だと思う授業の課題

著者名（章）	設問文 「コロナ禍における大学の授業の課題について，不適切だと思うものすべてお選びください。」	「不適切だと思う」にチェックした者	「不適切だと思う」にチェックしなかった者
服部 （第3章）	「何をすれば良いのか分かりにくい課題」	48%	52%
	「授業の内容から大きく離れている課題」	46%	54%
	「学習内容として与えられている資料が分かりにくい課題」	52%	48%
	「練習問題のみで構成された知識詰込型の課題」	21%	79%
	「感想を記載させて出席確認する課題」	15%	85%

いた設問は，「学習内容として与えられている資料がわかりにくい問題」だけであったことから，服部がコロナ質調査の分析から明らかにした学生が考える不適切な5つの課題の内4つが，コロナ・ウェブ調査の回答者から支持を得ることができなかったものと考えられた。一方で，約8割の学生が「練習問題のみで構成された知識詰込型の課題」と「感想を記載させて出席確認する課題」を不適切な課題であると考えていない点については，これら2つの課題が多くの大学においてよくあるものとして学生に課されており，不適切だと感じなかったものと推測された。この点については，今回のコロナ・ウェブ調査結果を元に，さらなる質的調査で深堀りしていく混合研究法における「説明的順序デザイン」を重ねあわせていくことで，より詳らかになるであろう。

（2）第4章「コロナ禍下の授業における質問行動」（山路）について

　山路は本書第4章において，コロナ禍の授業に関する学生の質問行動について分析し，その結果を報告した。山路の分析結果を踏まえたコロナ・ウェブ調査の設問は，図表13－4で示した8つの設問である。

　設問のリード文は「コロナ禍における大学の授業に関する学生の質問行動に関して，次の発言を読んで，あなたの考えに当てはまるものを教えて下さい」であり，設問作成の手続きは服部の設問と同じである。結果として，すべての設問において「そう思う」の値が40%以上であり，「どちらともいえない」「そう思わない」のそれぞれの値を上回っている。

　このことから，コロナ質調査を通して聞き取った学生の声から山路が導き出した分析結果は，コロナ・ウェブ調査結果を照らし合わせることにより，コロナ禍における学生の質問行動に関する状況を示したものとして妥当なもので

図表 13 − 4　授業における質問行動に関する学生の考え

著者名 (章)	設問文	そう思う	どちらともいえない	そう思わない
山路 (第4章)	コロナ禍以前は研究室まで行くなど先生を探し回って質問していたが，オンライン授業になってチャットやメールで質問できるので楽になったと思う。	51%	31%	18%
	メールでの質問だと先生にメールを送る，先生からの返信を待つなど時間と手間がかかるが，対面での質問だとその場で話して解決できる点がよいと思う。	60%	30%	10%
	大人数の対面授業では周りに人がいて質問しにくいが，大人数オンライン授業では周りにみんながいる感覚がないので，チャットなどで質問しやすいと思う。	50%	31%	19%
	メールでの質問は，文章だけで質問する内容を先生に説明しなければいけないので難しいと思う。	58%	27%	16%
	授業の後に，同じ授業を受けていた友達に LINE などで質問する機会が増えた。	49%	29%	22%
	対面授業のときは隣の席の友達に質問していたが，オンライン授業は相手の状況が把握しにくいので友達に質問する機会が減った。	43%	36%	21%
	オンライン授業はみんな初めての経験だから，自分で考えるよりまず先生や友達に質問した方が早いと思う。	46%	39%	15%
	オンライン授業は自分でどうにかするしかないので，自分で調べたうえで何が問題点でどのように困っているかなどをきちんと説明して質問する力がついたと思う。	46%	37%	17%

あったと考えられた。

（3）第9章「コロナ禍における学生のキャリアイメージ」（谷）について

　谷は本書第9章において，コロナ禍が与えた大学生のキャリアイメージへの影響について分析した結果を報告している。服部，山路を同じ手続きで**図表13—5の9つの設問を形成した。**

図表13―5　コロナ禍が与えた大学生のキャリアイメージ

著者名 （章）	設問文	そう思う	どちらともいえない	そう思わない
谷 （第9章）	コロナ禍の先輩方の就職活動の話を聞くと，誰もが「自身は就職できるのか」と不安に感じるようになると思う。	64%	25%	12%
	他の学生からコロナ禍の就職活動に対する焦燥感が伝わってくると，周りの学生にも情動伝染してしまうと思う。	59%	30%	11%
	コロナ禍における就職活動は，誰にとっても未知な環境なので不安や焦りを感じると思う。	66%	24%	9%
	コロナ禍により，未来の生活環境に対して誰もが不安を感じるようになったと思う。	67%	25%	8%
	コロナ禍によって就職活動を失敗して一度レールから外れると，日本の社会では元に戻るのは難しいと思う。	51%	33%	16%
	コロナ禍を経験して，誰もが何かしらのスキルや資格を身につける必要があると思う。	57%	33%	10%
	コロナ禍で自分を見つめなおし，人生について考える良い時間が持てるようになったと思う。	54%	33%	12%
	コロナ禍でオンラインが当たり前になったので，誰もが場所に縛られない自由な働き方を望んでいると思う。	54%	32%	14%
	コロナ禍で家族といる時間が増えて，誰もが家族の大切さに気付いたと思う。	54%	33%	13%

　設問のリード文は「コロナ禍を経験した学生のキャリアの考え方に関する次の発言を読んで，あなたの考えに当てはまるものを教えて下さい」であり，設問作成の手続きは服部の設問と同じである。**図表13－5**を見てみると，谷がコロナ質調査から導き出した考察に関連する9つの設問すべてにおいて，全回答者約1,000名の半数以上を示す50%の学生が「そう思う」と回答していた。

　このことから，谷のコロナ質調査の分析結果，はコロナ禍における学生のキャリアイメージを示したものとして妥当なものであったと考えられた。とりわけ，コロナ禍がもたらした学生のキャリアイメージに関する不安や焦りは6割近い学生が「そう思う」と回答しているという結果は，現場での学生・キャリア支

援を考える上で，注視すべき点であると考えられる。

3．学生が望むアフターコロナの授業

　次に「探索的順序デザイン」の混合研究法において，質的調査結果の妥当性を検証する以外の活用法について論じていきたい。

　本書第5章において西野は，コロナ質調査結果について「"ゼミ"の遠隔化が人間関係に与えた影響」というテーマで論じている。当章で示された分析結果を踏まえて，コロナ・ウェブ調査の設問を西野と協議し，質的分析結果の妥当性を検証する視点から離れて，アフターコロナの大学教育の在り方を検討する上で示唆となる設問を設定することとした。そこで，形成した9つの設問のリード文では「新型コロナウイルス感染症収束後の理想の授業形態についてお聞きします」と前置きをして，コロナ禍を経験した学生がアフターコロナの大学教育における「講義科目」「演習科目」「実験科目」「実技科目」「実習科目」「ゼミ・研究室活動」「卒業研究・卒業制作」「インターンシップ」「留学」について，科目区分別の学生の理想の授業形態を聞いたのである。その結果は**図表13－6**の通りである。**図表13－6**の結果を踏まえた考察は次の2点である。

　第一に，「対面のみ」と「ハイブリッド」といった2つの授業実施形態に学生の好みが大きく2分化した点である。「対面のみ」をもっとも理想とした学生が多かった科目区分は「実験科目」「実技科目」「実習科目」「留学」であり，「ハイブリッド」は「講義科目」「演習科目」「ゼミ・研究室活動」「卒業研究・卒業制作」「インターンシップ」であった。「実験科目」「実技科目」「実習科目」「留学」という科目区分が「対面のみ」を理想とした学生が一番多かった点については，これら科目区分においては，オンラインでは学びの実感を得ることが難しい"現場性"のようなものがあると推察された。「ハイブリッド」を希望した科目区分については，とりわけ「インターンシップ」を「対面のみ」よりも「ハイブリッド」を希望する学生が多かったことを筆者は意外に感じた。おそらく，企業側の迅速かつ柔軟な対応で，実際にハイブリッド型インターンシップが提供されており，このインターンシップの形が学生にとっての当たり前になったものと推察された。

　第二に，授業実施形態に関する学生の好みは多様であるという点である。例えば「講義科目」では，対面型だけが良い学生が14.1%（約140名）いる一方，遠隔型だけが良い学生が23.6%（約230名）いることになる。この設問は択一式でありハイブリッド型がよいという選択肢を含ませている中であえて「○○

図表 13−6　学生がアフターコロナに望む授業実施形態のまとめ

「新型コロナウイルス感染症収束後の理想の授業形態についてお聞きします」についての各設問	1. 対面型だけがよい	2. 遠隔型だけがよい	3. ハイブリッド型*がよい	4. ハイフレックス型**がよい	5. こだわりはない	6. この種類の科目を受けたことがない	7. その他
今後の「講義科目」についての希望の授業形態を教えて下さい。	14.1%	23.6%	41.2%	12.9%	4.1%	2.4%	1.7%
今後の「演習科目」についての希望の授業形態を教えて下さい。	25.7%	21.6%	32.4%	10.8%	4.1%	3.6%	1.8%
今後の「実験科目」についての希望の授業形態を教えて下さい。	32.8%	19.3%	25.8%	7.5%	4.4%	9.0%	1.2%
今後の「実技科目」についての希望の授業形態を教えて下さい。	35.6%	18.1%	25.7%	7.6%	3.8%	7.6%	1.6%
今後の「実習科目」についての希望の授業形態を教えて下さい。	33.9%	18.4%	26.7%	7.6%	4.1%	7.8%	1.5%
今後の「ゼミ・研究室活動」についての希望の授業形態を教えて下さい。	22.1%	20.5%	33.8%	9.1%	5.3%	8.2%	0.9%
今後の「卒業研究・卒業制作」についての希望の授業形態を教えて下さい。	19.8%	19.4%	34.1%	9.0%	5.9%	10.4%	1.4%
今後の「インターンシップ」についての希望の授業形態を教えて下さい。	22.3%	19.2%	31.5%	8.1%	5.9%	11.4%	1.5%
今後の「留学」についての希望の授業形態を教えて下さい。	24.8%	17.2%	22.7%	5.9%	8.0%	20.5%	1.0%

＊設問では「ハイブリッド型（対面授業回と遠隔授業回のミックス）」と括弧書きを追記して学生にたずねた。
＊＊設問では「ハイフレックス型（同じ内容の授業を，オンラインでも対面でも受講できる形式）」と括弧書きを追記して学生にたずねた。

だけが良い」と回答していることから，対面型・遠隔型だけが良いと考える学生にとってハイブリッド型が妥協策にはならないだろう。つまり，学生の好みだけにあわせた唯一の正解となる授業実施形態は存在しないのである。

　このように，質的データの結果に基づいて実践の知見となるような数値を見ることができる設問を開発できることも「探索的順序デザイン」混合研究の活用の一つである。

まとめにかえて

　本章の最後として，コロナ質調査とコロナ・ウェブ調査を実施した経験を踏まえて，大学教育実践に示唆になると考えた点を述べたい。それは，大学教育においてオンライン化が当たり前になったということである。言い換えれば，オンライン授業システムやLMS（Learning Management System）が，各大学が独自に提供する強みではなく，どの大学にも備えておくべきインフラになったのである。これは**図表13－6**において，「留学」という科目区分を抜かして，「2. 遠隔型だけがよい」「3. ハイブリッド型がよい」「4. ハイフレックス型がよい」と回答した学生の割合が5割を超えている結果から示唆されるものと考える。これまで対面中心であった大学教育において，オンラインという要素が当然のものとして加わることによって，大学経営者や大学教育実践者のアイデア次第によって多様な形での大学教育が提供できる可能性が開かれたのである。例えば，次のような新しいティームティーチングが考えられる。優秀な研究者が，その最新の研究知見を提供するオンデマンド型授業教材を開発し，ファシリテーションを得意とする教員がその教材をインプットのための授業前学習資料として活用し，対面または双方向型オンライン授業内でのアウトプットと組み合わせた反転授業は1つの新しい大学教育の形であろう。もちろん，研究者が提供したい内容だけを教材とするのではなく，大学のディプロマ・ポリシーやカリキュラム・ポリシーを踏まえたファシリテーション教員との対話による教材開発や授業設計を忘れてはならないだろう。このように教職員の得意分野を組み合わせるなど，大学教育の総合化という視点が重要になると考える。

　我々は未だ見通しが立ちにくいコロナ禍中にあるが，このような大学教育の新たな転換点を見通して，それぞれの大学で今からでも対応していくべきであると考える。そのためには，新しい大学教育を支えていくファカルティ・ディベロップメントやスタッフ・ディベロップメントの在り方や，教員・事務職員

という既存の枠組みについても再検討・再構築していく必要があるだろう。

注
1　当調査は，JSPS 科研費　18K18675 の助成を受けて実施した。
2　学校基本調査上は５・６年生が全体の約１％いるが回収困難であるため対象外
　とした。
3　図表 13 − 2 から 13 − 5 の数値の算出にあたっては小数第一位を四捨五入して
　いる。なお参考資料４では，これら結果について小数第一位まで示している。また，
　コロナ・ウェブ調査の自由記述２問「コロナ禍の大学の授業を一言で言うとすると，
　どのような言葉で表現できますか？」「前の設問で表現した一言について，その一
　言で表現した理由や一言の意味について教えてください」は，本書第 10 章「コロ
　ナ禍における授業体験の真意を引き出す」で論じた内容と関連している。しかし，
　当分析に必要な時間と本書出版のタイミングを勘案して，別の機会で研究成果を
　公表することとした。
4　分析を行う上では「不適切だと思う」にチェックされなかった各課題が「適切
　である」とは捉えられているわけではない点に注意する必要がある。

文献
抱井尚子（2019）「６章　質的研究の広がりと可能性　6 − 1　混合研究法」，サト
　ウタツヤ・春日秀明・神崎真実編『質的研究法マッピング　特徴をつかみ，活用
　するために』新曜社，232 − 240.
山田嘉徳・上畠洋佑・森朋子・山咲博昭・谷美奈・山路茜・西野毅朗・服部憲児（2021）
　「大学教育を対象とした質的研究の文献調査」『大学教育学会誌』43（１），49 −
　53

第14章
本書のまとめ「コロナ禍と学び」
──────────────────────────────── 森朋子

1．コロナ禍と大学改革

　コロナ禍で取りざたされている大学の諸問題は，もしかしたら今に始まったことではないのではないか，いう思いがふとよぎる。新しいようで以前から身近にあった課題かもしれない。それらを解決しようと，これまでも大学ではさまざまな取り組みが行われてきた。さらにその課題は国レベルでも認識されており，教育政策として中央教育審議会答申などの公の指針となり，それらを通して，現場にいっそうの努力を求めたりもする。

　しかしその努力は，学生の学びと成長に大きな変革をもたらすにはあまりにも緩やかな変化であった。学習を研究する私たちの立場からすれば，ある意味，大学や教員集団の「教える」の常識からかけ離れていない，予定調和的なものといったら言い過ぎだろうか。現状の「教える」体制を基盤や前提にしているからこそ，ここ10年で大学の改革は進んだのか，という問いに歯切れが悪い答えしか見つからない。この緩やかな変化自体を責めるのではなく，改革というものの性質上，現場の温度差とかけ離れたものは成功しないのも事実なのである。その反面で，改革の基盤となる教育評価，学習評価が，かえって現場の温度感と違うリアルを創っているのではないかと懸念する。

　コロナ禍が要因となって顕在化した大学の課題は，このような大学の日常をある意味，打ち砕くほどの衝撃があった。それこそ予測困難な世の中を経験してしまった私たち大学人は，昔を懐かしむだけでは先に進まないのも分かっている。ではどうしたらいいのか。その答えは，学生のリアルを知ること，理解することだと思う。そしてその手法の1つが本書にある学生の声を掬うことなのかもしれない。

2．課題はコロナ禍で生じたのか

　学生の声を掬うことを論じる前に，コロナ禍でクローズアップされた諸課題についてもう少し掘り下げてみたい。学生の学びの観点からすると，大学を取

り巻く課題は，学生の入学から卒業までの入口，出口，その中間に存在する。この中で，入口と出口はトランジション課題だ。高校から大学，そして大学から社会の接続において，学生はこれまでとは違う価値観に出会うことでコンフリクトを経験する。それに対して大学は，知識・技能面ではリメディアル教育，そしてアカデミックスキルや仲間づくりとして初年次教育をプログラム化して入口を支援してきた。出口に関しても同様に，インターンシップや企業連携授業などのキャリア教育プログラムが導入され，大学として学生の不安に対処する姿勢を見せてきた。その他，正課外ではあるが，学修・学生支援，キャリア支援などのセーフティネットワークも構築されている。このような仕組みを大学が整備しても，リアルな学生の日常では，初年次になかなか友達ができない焦りも，授業を理解することへの諦めも，先行きのキャリアへの不安も案外身近にあったはずである。コロナ禍でその割合が増えた，ということは十分にあり得るものの，以前からあるその課題の解決が十分にできないまま，予測困難なコロナ期を迎えてしまったことでほころびが大きくなったという印象を受ける。

　確かに社会もコロナ禍で大きく影響を受けていることから，大学受験の方法が変わったり，授業がオンラインになったり，そして採用企業の意識に変化があったりとコロナ禍以前と同様の課題ではないことは確かである。ただ大学は十分にその解決に取り組んだのか，リアルな学生の日常的課題に対峙してきたのか，と言いたいのだ。上述した複数の教育プログラムは効果があったのか。設置した当時の理念は形骸化していないか。その理念は，教員組織内で共有されてきたのか。リアルな学生の学びの日常に思いを馳せながら，絶えずプログラムのアップデートを図ってきたのか。予測困難な時代だからこそ，理念に立ち返ることの必要性を強く感じている。

3．学生の声を掬うとはなにか

　社会の変革に沿ったプログラムのアップデートという観点から，次はその方法について考えてみる。そのヒントは「教える」と「学ぶ」の関係性を理解するところから始まる。この2つはメタレベルの相互関係がある。つまり「教える」の成果は「学ぶ」に反映され，「学ぶ」の状況を把握して「教える」を改善・改革するという関係性である。さらに言えば，どちらか片方だけ見れば，もう一方のあり方がよくわかるという構造だ。

　近年になって日本の大学教育はこの「教える」と「学ぶ」の関係性の重要性

を認識し，さまざまなレベルの政策に反映させている。政策上，一番古いものではミクロレベル（授業階層）の授業評価だ。1990 年代に出されたいくつかの大学審議会答申が学生による授業評価の導入を謳っている。遅れて 2000 年に入ってからミドルレベル（教育プログラム・学士課程階層）はカリキュラムをアセスメントする必要がある，と認識され始めた。2008 年の中央教育審議会答申「学士課程教育の構築に向けて」により，学習成果の可視化が求められた。IR（インスティテューショナルリサーチ）という機能が必須とされたのもこの時期である。そして最後にマクロレベル（大学全体）として，最も影響力があったのは認証評価だろう。認証評価第 3 サイクルによって内部質保証が重視された。内部質保証にはいくつもの側面があるが，その中でも学修成果の可視化やアセスメントを次のアクションに反映させる，といった考え方をその根幹に据えている。これら高等教育政策の動きを整理すると，大学教育における「教える」と「学ぶ」という重要な点において，学生中心という考えを政策上の中核としていることがわかるだろう。つまり学生の声を掬う，ということは現在の教育政策の視点としても必要不可欠である，ということになる。

　しかし IR も学修成果の可視化も，多くは量的アプローチに偏っている現状がある。特に間接評価として学生調査を行っている大学が多いが，これも統計的な技法である。多くの学生の声をまんべんなく拾い上げる手段であり，学生のおおよその現状の傾向を把握するには適している方法ではある。これは現場の学生の声を掬うというよりも，集めて抽象化するようなイメージだ。しかし学生という名の学生はいない。学生の数だけ学びのプロセスがある中で，このような質問紙調査では集計されたデータの平均値や中央値にいる学生の声に焦点が当たる。しかしそこから大きく離れた外れ値の学生の声も同様に重要だ。なぜならその回答の理由に，平均値や中央値での回答をリアルにする理由が含まれているかもしれないからである。その因果関係を見つけたり解釈したりするためにも，質的研究は，研究者の両手で学生の声を丁寧に掬い，一つひとつを仕分けしながら，その回答に至ったプロセスを追体験していく。個別事例と一般化を往復しながら紡ぎだす理論は，一つの学生のリアルである。

4.「コロナ世代」の学びと成長

　本書の中で掬われた学生は，「コロナ世代」という不名誉な名称で大括りされているが，たくましく大学生活を送っている。その一人ひとりにそれぞれ固有の文脈，考えがあり，コロナ禍によって突然降ってきたこの状況をただ嘆く

のではなく，どうにか今の生活を自分自身の大学生活の中に位置づけ，試行錯誤しながらある意味，豊かな学びを展開している。「難しめの（課題）の方が自分の力になる」,「（オンライン授業は）すぐに質問できる」,「（通学がなくなって）時間が増えた分，ちゃんと授業に集中できた」などとオンライン授業に対する思いはそれぞれであり，この状況で考えた自身のキャリアも多様である。学生たちはオンキャンパスとオフキャンパスの双方で，教職員の創造を超えた豊かな学びを創っている。

「コロナ禍における学生の学び」の質的調査に関する協力のお願い

大学教育学会課題研究「大学教育における質的研究の可能性」グループ

代表　山田嘉徳（大阪産業大学）

　2020 年度、世界中で広がっているコロナ禍において大学生はそれまでと異なった様式の学生生活および学習経験を余儀なくされています。そこで、コロナ禍における学生の生活および学習経験の実態を、個別インタビューにより調査することになりました。研究の目的や実施内容等をご理解いただき、ご協力いただければ大変幸いです。

　下記、研究概要をお読みいただき、調査協力にご賛同いただける場合は、別紙同意書にご署名をいただきたく思います。なお、調査に協力しない、あるいは途中で辞退することになったからといって、不利益を被ることは一切ありません。また、調査に関連するすべての過程は成績に影響を及ぼすものでもありません。

１．研究の意義と目的

　2020 年度の学生生活および学習経験に関する異例の事態において、各大学等でアンケートによる量的調査や自由記述調査は実施されています。しかし、アンケート調査で掬い取れない現実もあると考えます。そこで本研究では、複数の大学に所属する大学生を協力者として個別インタビュー調査を実施することにしました。学生が現在の経験をどのように意味づけるかに焦点をあて、コロナ禍における学生の生活および学習経験の実態を詳らかにすることを目的とします。現在学生が直面している経験を緊急避難的な個別事例として埋もれさせることなく、インタビュー内容に対する質的アプローチにより掬い上げ、大学界や社会全体へ届けることを目指します。

２．データ収集の時期と方法

　2020 年 10 月末〜11 月初旬の時期にインタビューを実施します。Zoom を利用し、インタビュー中は録画します。時間は１時間程度で、１名につき１回行います。気になるようであれば、インタビュー中はカメラをオフにしてもかまいません。

３．研究参加に対する謝礼

　本研究への参加に対する謝礼として、1000 円分の Amazon カードまたは Quo カードを贈呈します。

４．研究成果の公表

　本研究の成果は、以下の範囲内において使用させていただく可能性があります。（１）学会や研究会でのシンポジウム、口頭発表ならびにポスター発表、（２）学会誌や紀要、広報

誌などの寄稿、（3）著書です。なお、これは必ずこれらの媒体で公表するということではなく、その可能性があるものを挙げております。発表や原稿においては、すべての固有名を変更し、個人・団体が特定できないよう徹底します。

5．個人情報の保護とデータの取り扱い

収集したデータは、研究・教育・学術目的以外には使用いたしません。個人情報を保護するため、データ上のお名前は研究担当者が取り除き、分析時には匿名化して厳重に管理します。

6．倫理委員会

以上の内容は、大阪産業大学の倫理委員会にて承認されています。

7．研究者の氏名と連絡先

本研究は、大学教育学会の課題研究「大学教育における質的研究の可能性」のグループが2020年度-2022年度に学会の助成を受けて実施するものです。研究への参加者は、研究の担当者あるいは代表者に以下の宛先で連絡することができます。

研究担当者一覧[1]
山田嘉徳（代表）　大阪産業大学　全学教育機構　准教授
上畠洋佑　新潟大学　教育・学生支援機構　教育・学生支援企画室　准教授
森朋子　桐蔭横浜大学　教育研究開発機構　教授
山咲博昭　広島市立大学　企画室　特任助教
谷美奈　帝塚山大学　全学教育開発センター　准教授
山路茜　立教大学　大学教育開発・支援センター　助教
西野毅朗　京都橘大学　現代ビジネス学部　経営学科　講師
服部憲児　京都大学教育学研究科　教育学環専攻　教育社会学講座　准教授

研究者の連絡先
研究担当者　〇〇〇〇（所属）
　　　　　　E-mail: 〇〇〇〇

研究代表者　山田嘉徳（大阪産業大学）
　　　　　　E-mail: yyamada@edo.osaka-sandai.ac.jp

---

[1]　「研究担当者一覧」の所属はコロナ質調査を実施した時点のものである。

「コロナ禍における学生の学び」の質的調査に関する協力への同意書[1]

大学教育学会課題研究「大学教育における質的研究の可能性」グループ代表
大阪産業大学　山田嘉徳　宛

　私は、「コロナ禍における学生の学び」質的調査に関して、別紙「『コロナ禍における学生の学び』質的調査に関する協力のお願い」の文書を読み、下記項目の説明を受けました。

① 協力不可による不利益が無いこと
② 研究の意義と目的
③ データ収集の時期と方法
④ 研究参加に対する謝礼
⑤ 研究成果の公表
⑥ 個人情報の保護とデータの取り扱い
⑦ 倫理委員会
⑧ 研究者の氏名と連絡先

　上記内容を理解し、本件の研究協力に同意します。

　　　　　　　　　2020年　　　月　　　日

　　　　　　　　　（氏名）＿＿＿＿＿＿＿＿＿＿＿＿＿＿＿＿

　　　　　　　　　研究担当者

　　　　　　　　　（氏名）＿＿＿＿＿＿＿＿＿＿＿＿＿＿＿＿

---

[1] 本同意書は2部印刷し、原本は調査者と調査対象学生で1部ずつ保管している。

「コロナ禍における学生の学び」の質的調査　インタビューガイド

導入部

　はじめまして、調査に協力してくださる○○さん（リクルーティングした学生）でしょうか？（本人確認）

　こんにちは。私は＊＊大学の●●（インタビュー者）と申します（以下、簡単な自己紹介）。この度は、「コロナ禍における学生の学び」質的調査にご協力くださり誠にありがとうございます。

　先日、こちらからお送りした「『コロナ禍における学生の学び』質的調査に関する協力のお願い」をお読みいただき、「『コロナ禍における学生の学び』質的調査に関する協力への同意書」に署名・返送してくださりありがとうございました。事前に調査協力について承諾いただいておりますが、念のためこの場でも協力の可否について確認させてください。
【調査協力について学生の承諾を確認する】

　ご確認、ありがとうございました。なお、このインタビュー中・終了後も、調査に協力しないあるいは途中で辞退することを申し出ることも可能です。もし、そのようになったからといって、不利益を被ることは一切ありません。また、私はあなたの成績を知ることができたり、関与できる立場ではありません。また、その権限もありません。それらの点も踏まえて、この調査に関連するすべての過程は成績に影響を及ぼすものでもありませんので、ご安心ください。

　この調査は、大阪産業大学の倫理委員会にて承認を受けて実施します。○○さんからは、事前に署名頂いた同意書を受け取っていますが、インタビュー実施にあたりこれから3点、確認します。

　一つ目です。インタビュー実施中は、Zoom のレコーディング機能で録画・録音しますので、録画・録音をしてもよいかこの場でもう確認させてください。
【レコーディングについて学生の承諾を確認する】

　ご確認、ありがとうございます。続けて二つ目を確認します。インタビューする際は、○○さんはカメラをオン・オフどちらでも構いませんが、どちらを選択されますか？
【カメラはオンかオフか確認する】

　ご確認、ありがとうございました。最後に三点目を確認します。インタビュー実施にあたっては、本名・仮名どちらでもお呼びすることができます。どちらがよろしいか教えてください。
【実名で呼ぶか仮名で呼ぶか確認する】

　ご確認、ありがとうございます。（実名で呼ぶ場合は、プライバシー保護のため文字起こしをした逐語録には仮名で記載する旨を説明する。）

　このインタビューの所要時間は1時間です。インタビュー中に体調不良や緊急の用事などが生じた場合は、遠慮なくお申し出ください。また、レコーディングをオフにして話したい内容がある場合や、回答したくない質問がされた場合も遠慮なくお申し出ください。

　それでは、レコーディングボタンを押しました。インタビューを開始します。

共通質問パート
　まず、○○さんの所属する学科と学年を教えてください。
【学生が所属する学科と学年を回答する】

ご回答ありがとうございました。これから、8つの項目についてお聞きします。どうぞリラックスしてお話ください。

（1）この状況をどのように捉え、どう対処したか？
一年生向け：「コロナ禍の状況のなか、大学生活が始まりました。入学された当初、△△さんにとって、大学生活のなかで、何が一番気がかりな事柄でしたか？」

2年生以上向け「コロナ禍の状況のなか、大学○年生を迎えました（○には該当する学年が入ります）。大学○年生を迎えた当初、△△さんにとって、何が一番気がかりな事柄でしたか？」

2：「その気がかりな出来事は、今は解決されましたか？（解決されていなくても）もし解決に向けてとった行動や少しでもその状況がよくなるように対処されたことがあれば、詳しく聞かせて頂けますか。」

★オープンクエッションなので、インタビューの回答を故意に誘導しないようにするために、質問される際には、極力、インタビュアー側からは、ネガティブなワードは使わないように心がけていただけると幸いです。もちろんネガティブな経験が語られた場合、そのインタビュイーの言葉を、そのまま質問で使用するケースはOKです。また、「大変でしたね」など、気持ちに寄り添うような言葉かけはもちろんOKだと思います。
★インタビュイーとの関係性もあると思いますので、うまくその後の流れが適切なものとなるように適当な表現でお聞き頂ければと思います。
★また以降の質問の回答と、ここでの回答とが重複する場合がありうると思います。その場合、ここでの回答をたたき台にして、深掘りしていただきましても、あるいは、十分な回答がここで見られたとご判断された場合には割愛頂くというかたちもありうるかもしれません。

（2）日ごろ学友同士ではどのように、どのようなコミュニケーションをとっていたか？
・まず、あなたの交友関係について差支えない範囲で教えてください。なお、友人の名前を発言されても、記録上は仮名としますので、ご安心ください。（1年生にヒアリングする場合は、コロナの影響で入学後も友達ができていない学生も想定されるため、心理的にケアする気持ちで優しく聞き出すようにしてください。）

※1年次の場合
・新入生同士が交流する機会や仲良くなるような機会、はありましたか？（イメージしづらそうであれば、授業内や大学のイベント等の例を挙げてみてください。また友達ができたかどうかもその流れでさりげなくきいてみてください）
・（友達ができている場合）一緒に遊ぶ友達が、一緒に大学の勉強をする友達ですか？（学びの仲間と、キャンパスライフの仲間など交友関係をどのようにわけているのか、それともわけていないのなど、現代の学生の交友関係のあり方についてヒアリングをお願いします）
・（友達ができていない場合は次の質問に移ってください）
・友達との関係やコミュニケーションの取り方は、コロナ以前と以後で変わってしまいましたか？（友達がいる場合は大学と高校時代の友達との対比、大学に友達がいない場合は高校時代の友達とのコミュニケーションの取り方の変化を確認する）
・（関係やコミュニケーションの取り方が変わった場合）どのように変わりましたか？特に、友達とのコミュニケーションの方法や頻度などについて教えてください。
・もし、コロナによって友達との関係やコミュニケーションに影響が出ていたら、どのように解決しようとしたり、解決することができたりしましたか。

※2年次以上の場合
・一緒に遊ぶ友達が、一緒に大学の勉強をする友達ですか？学びの仲間と、キャンパスライフの仲間など交友関係をどのようにわけているのか、それともわけていないのなど、現代の学生の交友関係のあり方についてヒアリングをお願いします。
・学友との関係やコミュニケーションの取り方は、コロナ以前と以後で変わってしまいましたか？

・（関係やコミュニケーションの取り方が変わった場合）もし変わっていたら、どのように変わりましたか？特に、友達とのコミュニケーションの方法や頻度などについて教えてください。
・もし、コロナによって友達との関係やコミュニケーションに影響が出ていたら、どのように解決しようとしたり、解決することができたりしましたか。

（３）集中して（意欲的に）受講できたか否か（その理由は？）
・新聞やニュース、学生への調査結果などを見ると、コロナ禍での大学での学びについて様々な意見があります。特に、オンライン授業について賛否両論ありますが、あなたは今回のオンライン授業を受けてみて対面授業が良いと思いますか？それともオンライン授業の方がよいですか？（１年生で対面授業の経験がない学生には、想像する対面授業の姿との比較をするように促してください。それが難しい場合は、高校時代の対面授業との比較をするようにきいてください。）
・対面授業orオンライン授業が良いと思う理由を教えてください。（その後、対面授業とオンライン授業双方について、集中した学びと意欲的な学びについて、より具体的にヒアリングしてください。）
・いまお聞きしたことについて、あなたの周りの学生さんについてもお聞かせください。
・いま色々とお聞きしましたが、もう少し「ぶっちゃけて」お話しいただいてもOKですよ。（正直な気持ちを引き出すように、フランクに聞く。ただ、無理強いはしないでください。）

（４）授業で提示される課題は適切な量と質であったか（その理由は？）
　　　　また、学生から見た、よい課題、悪い課題とはどのようなものか
　　　オンライン授業となり、それぞれの授業から課題が出されたと思うけど、どうでしたか？
　　　まず、量的にはどうでしたか？
・全体として対面式の頃と比べて負担はどうですか？（増えた？／減った？／変わらない？）
・各授業についてはどうでしたか？
・適切な量だった授業は何割ぐらい（多過ぎ／少なすぎだった授業は割合ぐらい）でしたか？
・１授業あたり課題の適切な量（こなすのに要する時間）は、どれぐらいだと思いますか？
・課題量が不適切だった先生（個人名は出さないでね）に言いたいことはありますか？
・課題をこなすのが苦しかった（難しかった）時、どのように対処しましたか？

　　　次に、質的にはどうでしたか？
・出された課題は貴方の学びにとって有効でしたか？
・どのような課題が有効だった／有効でなかったと思いましたか？
・なぜ有効だった／有効でなかったと思いましたか？
※学生から見ての良い課題／悪い課題の判断基準を聞き出したい。
・有効でなかった課題を出した先生（個人名は出さないでね）に言いたいことはありますか？

（５）オンライン授業になって教員や学友への質問・相談は増えたか（その理由は？）
　　　あなたがこれまで経験してきた教室での授業とオンライン授業を比べて、授業内容についてわからないことや困ったことがあった場合に、教員や学友への質問・相談は増えましたか？（変わらない場合も増減など変化がある場合も）そのように回答した理由を詳しく教えてください。
※学生が回答につまる（または時間に余裕がある）なら、様子を見て次の問いかけを試みる
→「質問や相談のしやすさは授業形態によって違いますか、違うならばどのような違いですか。」

（６）半年間のオンラインゼミ（演習）で学生同士の関係性や教員との関係性は深まったか
※１年次生の場合は、初年次ゼミ（初年次教育の演習科目）について
２年次生以上の場合は、専門ゼミ（専門教育の演習科目）について
この半年間ゼミ（演習）がなかった場合は問う必要はない
※時間に余裕がある場合は、「今後のゼミは、対面授業とオンライン授業、あるいは対面授業とオンライン授業の混合の３つのうち、どれが良いですか。その理由も教えてください」という質問を追加いただければ助かります。

（7）コロナは卒業後のキャリアイメージに影響を与えましたか？

　影響がある場合は、コロナ以前と以後の両方のキャリアイメージを話してもらう。加えて、なぜ、どのように影響があったのか（変化したのか）について語ってもらう。

　影響がない場合も、卒業後のキャリアイメージを話してもらい、なぜ影響がないのかを語ってもらう。

　※キャリアとは、就職や働くということだけでなく、生き方そのものも含む。

（8）オンライン授業は続けるべきか？（その理由は？）

①2020度は第二学期も、多くの大学でオンライン授業が中心となりました。本学では……となりましたが、この決定についてどのように思いますか？また、そのように回答した理由について詳しく教えてください。

②もし、2020年度中に新型コロナウイルス感染症が収束した場合を想定してください。その場合、コロナ禍以前の大学のように、全ての授業が対面で安全に実施できるようになりますが、オンライン授業を続けるべきと考えますか？それともやめるべきだと考えますか？また、そのように回答した理由について、詳しく教えてください。

　インタビューへのご回答ありがとうございました。今、開始して・・分経過しましたが、疲れてやすみたいと感じられていますか。（その場合は5分程度休憩）

個別RQ パート

　それでは、残り・・分間、引き続き質問をいたします。（以下の質問項目のリストから各研究等実施者の判断で選択して調査対象学生に質問を行う。）

質問項目
（対面と比較して）オンライン授業の良かった点、悪かった点は何か？
新しい同・異学年間の人間関係はできたか（どのように作ったか）
課題は学びを促したか、あるいは逆に（自主的な）学びを阻害したか
就職活動はどのように進めているか（対企業、対学内相談等）
授業形態によって質問・相談のしやすさに違いはあったか
ゼミ・研究活動はオンラインの方がよいか（その理由は）
大学生としての意識に変化はあったか？
学生がコロナ禍の授業をワンフレーズ（一言）で表現すると？（その理由は？）
今後 After コロナの授業で質問をどのようにしていきたいか
授業や研究活動との両立はどのようにしているか
どこ（空間的）で、いつ学んだか
学習の動機付けや、学習習慣をどのようにつけていったか

終了部

　インタビュー終了予定時間の3分前になりました。それでは、まとめに入ります。本日はインタビューへのご協力お疲れ様でした。ここでレコーディングを切りますので、レコーディング表示が消えたことをご確認ください。（本日の感想や、労いの言葉などを伝える。）

　謝礼は、・・を希望されていますが、一週間以内に指定のメールアドレス（クオカードの場合は郵送）にご連絡します。念のためメールアドレスを確認（Quo カードの場合は郵送先）させてください。

　ご確認ありがとうございました。以上で、「コロナ禍における学生の学び」質的調査を終了します。ご協力誠にありがとうございました。

Q.1	あなたの学年を教えて下さい。	回答数	割合
	大学1年生	278	25.4%
	大学2年生	274	25.1%
	大学3年生	267	24.4%
	大学4年生	274	25.1%
	合計	1,093	100.0%

Q.2	あなたが所属する大学の種類を選んでください。	回答数	割合
	国立大学	224	20.5%
	公立大学	141	12.9%
	私立大学	690	63.1%
	その他	38	3.5%
	合計	1,093	100.0%
	「その他」と回答した方にお聞きします。あなたが所属する大学の種類を教えて下さい。	掲載略	

Q.3	あなたが所属する大学の所在地（都道府県名）を教えて下さい。	掲載略	

Q.4	あなたが所属する学科を教えて下さい。	掲載略	

Q.5	あなたのコロナ禍期間中の住まいについて教えてください。	回答数	割合
	一人暮らし	333	30.5%
	実家ぐらし	691	63.2%
	学生寮	53	4.8%
	その他	16	1.5%
	合計	1,093	100.0%

Q.6	あなたが受けた2020年度「前期」の授業のうち、対面授業だった割合を教えてください。	回答数	割合
	0%	497	45.5%
	10%	145	13.3%
	20%	92	8.4%
	30%	62	5.7%
	40%	44	4.0%
	50%	67	6.1%
	60%	40	3.7%
	70%	27	2.5%
	80%	33	3.0%
	90%	21	1.9%
	100%	65	5.9%
	合計	1,093	100.0%

Q.7	あなたが受けた2020年度「後期」の授業のうち、対面授業だった割合を教えてください。	回答数	割合
	0%	304	27.8%
	10%	182	16.7%
	20%	96	8.8%
	30%	94	8.6%
	40%	59	5.4%
	50%	95	8.7%
	60%	38	3.5%
	70%	41	3.8%
	80%	49	4.5%
	90%	43	3.9%
	100%	92	8.4%
	合計	1,093	100.0%
Q.8	コロナ禍以前は研究室まで行くなど先生を探し回って質問していたが、オンライン授業になってチャットやメールで質問できるので楽になったと思う。	回答数	割合
	とてもそう思う	201	18.4%
	そう思う	352	32.2%
	どちらとも言えない	341	31.2%
	そう思わない	127	11.6%
	全くそう思わない	72	6.6%
	合計	1,093	100.0%
Q.9	メールでの質問だと先生にメールを送る、先生からの返信を待つなど時間と手間がかかるが、対面での質問だとその場で話して解決できる点がよいと思う。	回答数	割合
	とてもそう思う	199	18.2%
	そう思う	453	41.4%
	どちらとも言えない	331	30.3%
	そう思わない	71	6.5%
	全くそう思わない	39	3.6%
	合計	1,093	100.0%
Q.10	大人数の対面授業では周りに人がいて質問しにくいが、大人数オンライン授業では周りにみんながいる感覚がないので、チャットなどで質問しやすいと思う。	回答数	割合
	とてもそう思う	167	15.3%
	そう思う	376	34.4%
	どちらとも言えない	338	30.9%
	そう思わない	122	11.2%
	全くそう思わない	90	8.2%
	合計	1,093	100.0%
Q.11	メールでの質問は、文章だけで質問する内容を先生に説明しなければいけないので難しいと思う。	回答数	割合
	とてもそう思う	182	16.7%
	そう思う	447	40.9%
	どちらとも言えない	293	26.8%
	そう思わない	112	10.2%
	全くそう思わない	59	5.4%
	合計	1,093	100.0%

Q.12	授業の後に、同じ授業を受けていた友達にLINEなどで質問する機会が増えた。	回答数	割合
	とてもそう思う	161	14.7%
	そう思う	371	33.9%
	どちらとも言えない	320	29.3%
	そう思わない	130	11.9%
	全くそう思わない	111	10.2%
	合計	1,093	100.0%
Q.13	対面授業のときは隣の席の友達に質問していたが、オンライン授業は相手の状況が把握しにくいので友達に質問する機会が減った。	回答数	割合
	とてもそう思う	145	13.3%
	そう思う	329	30.1%
	どちらとも言えない	391	35.8%
	そう思わない	144	13.2%
	全くそう思わない	84	7.7%
	合計	1,093	100.0%
Q.14	オンライン授業はみんな初めての経験だから、自分で考えるよりまず先生や友達に質問した方が早いと思う。	回答数	割合
	とてもそう思う	119	10.9%
	そう思う	388	35.5%
	どちらとも言えない	422	38.6%
	そう思わない	106	9.7%
	全くそう思わない	58	5.3%
	合計	1,093	100.0%
Q.15	オンライン授業は自分でどうにかするしかないので、自分で調べたうえで何が問題点でどのように困っているかなどをきちんと説明して質問する力がついたと思う。	回答数	割合
	とてもそう思う	101	9.2%
	そう思う	399	36.5%
	どちらとも言えない	405	37.1%
	そう思わない	117	10.7%
	全くそう思わない	71	6.5%
	合計	1,093	100.0%
Q.16	学生自身に考えさせる課題は、自分と向き合うことができたので、課題として効果的であると思う。	回答数	割合
	とてもそう思う	116	10.6%
	そう思う	425	38.9%
	どちらとも言えない	370	33.9%
	そう思わない	110	10.1%
	全くそう思わない	72	6.6%
	合計	1,093	100.0%

Q.17	日常生活での新しい視点や気付きを与える課題は、すごく面白くて興味を持てると思う。	回答数	割合
	とてもそう思う	116	10.6%
	そう思う	454	41.5%
	どちらとも言えない	352	32.2%
	そう思わない	119	10.9%
	全くそう思わない	52	4.8%
	合計	1,093	100.0%

Q.18	授業の振り返りとして課題に取り組むことで、授業内容が頭に残るものは良い課題だと思う。	回答数	割合
	とてもそう思う	134	12.3%
	そう思う	491	44.9%
	どちらとも言えない	323	29.6%
	そう思わない	81	7.4%
	全くそう思わない	64	5.9%
	合計	1,093	100.0%

Q.19	課題が「こんな簡単なやつでいいのかな」と感じてしまう場合は、しっかりと勉強できているのか不安になる。	回答数	割合
	とてもそう思う	173	15.8%
	そう思う	391	35.8%
	どちらとも言えない	337	30.8%
	そう思わない	125	11.4%
	全くそう思わない	67	6.1%
	合計	1,093	100.0%

Q.20	課題が出ない授業は、気が楽になるというよりも逆に不安になる。	回答数	割合
	とてもそう思う	109	10.0%
	そう思う	290	26.5%
	どちらとも言えない	331	30.3%
	そう思わない	230	21.0%
	全くそう思わない	133	12.2%
	合計	1,093	100.0%

Q.21	ある講義科目では、対面の時は授業中に課題に取り組む時間が10分程度設けられていたが、オンラインになって授業中に課題に取り組む時間がなくなった。そのため、授業時間中に課題に取り組む時間を設けてほしいと思う。	回答数	割合
	とてもそう思う	140	12.8%
	そう思う	351	32.1%
	どちらとも言えない	394	36.0%
	そう思わない	139	12.7%
	全くそう思わない	69	6.3%
	合計	1,093	100.0%

Q.22	コロナ禍における大学の授業の課題について、不適切だと思うものをすべてお選びください。＜複数選択可＞	回答数	割合
	何をすれば良いのか分かりにくい課題	525	48.0%
	授業の内容から大きく離れている課題	503	46.0%
	学習内容として与えられている資料が分かりにくい課題	566	51.8%
	練習問題のみで構成された知識詰込型の課題	232	21.2%
	感想を記載させて出席確認する課題	168	15.4%
	その他	47	4.3%
	「その他」と回答した方にお聞きします。あなたがコロナ禍における大学の授業課題について、不適切だと思うものを教えて下さい。	掲載略	

Q.23	コロナ禍の先輩方の就職活動の話を聞くと、誰もが「自身は就職できるのか」と不安に感じるようになると思う。	回答数	割合
	とてもそう思う	282	25.8%
	そう思う	413	37.8%
	どちらとも言えない	272	24.9%
	そう思わない	83	7.6%
	全くそう思わない	43	3.9%
	合計	1,093	100.0%
Q.24	他の学生からコロナ禍の就職活動に対する焦燥感が伝わってくると、周りの学生にも情動伝染してしまうと思う。	回答数	割合
	とてもそう思う	201	18.4%
	そう思う	442	40.4%
	どちらとも言えない	329	30.1%
	そう思わない	79	7.2%
	全くそう思わない	42	3.8%
	合計	1,093	100.0%
Q.25	コロナ禍における就職活動は、誰にとっても未知な環境なので不安や焦りを感じると思う。	回答数	割合
	とてもそう思う	300	27.4%
	そう思う	423	38.7%
	どちらとも言えない	267	24.4%
	そう思わない	68	6.2%
	全くそう思わない	35	3.2%
	合計	1,093	100.0%
Q.26	コロナ禍により、未来の生活環境に対して誰もが不安を感じるようになったと思う。	回答数	割合
	とてもそう思う	271	24.8%
	そう思う	457	41.8%
	どちらとも言えない	277	25.3%
	そう思わない	60	5.5%
	全くそう思わない	28	2.6%
	合計	1,093	100.0%
Q.27	コロナ禍によって就職活動を失敗して一度レールから外れると、日本の社会では元に戻るのは難しいと思う。	回答数	割合
	とてもそう思う	192	17.6%
	そう思う	369	33.8%
	どちらとも言えない	360	32.9%
	そう思わない	116	10.6%
	全くそう思わない	56	5.1%
	合計	1,093	100.0%
Q.28	コロナ禍を経験して、誰もが何かしらのスキルや資格を身につける必要があると思う。	回答数	割合
	とてもそう思う	189	17.3%
	そう思う	437	40.0%
	どちらとも言えない	359	32.8%
	そう思わない	72	6.6%
	全くそう思わない	36	3.3%
	合計	1,093	100.0%

Q.29	コロナ禍で自分を見つめなおし、人生について考える良い時間が持てるようになったと思う。	回答数	割合
	とてもそう思う	172	15.7%
	そう思う	423	38.7%
	どちらとも言えない	364	33.3%
	そう思わない	90	8.2%
	全くそう思わない	44	4.0%
	合計	1,093	100.0%
Q.30	コロナ禍でオンラインが当たり前になったので、誰もが場所に縛られない自由な働き方を望んでいると思う。	回答数	割合
	とてもそう思う	190	17.4%
	そう思う	404	37.0%
	どちらとも言えない	349	31.9%
	そう思わない	114	10.4%
	全くそう思わない	36	3.3%
	合計	1,093	100.0%
Q.31	コロナ禍で家族といる時間が増えて、誰もが家族の大切さに気付いたと思う。	回答数	割合
	とてもそう思う	174	15.9%
	そう思う	420	38.4%
	どちらとも言えない	360	32.9%
	そう思わない	90	8.2%
	全くそう思わない	49	4.5%
	合計	1,093	100.0%
Q.32	2021年4月までに新型コロナウイルス感染症が収束した場合を想定した上で、今後の「講義科目」についての希望の授業形態を教えて下さい。	回答数	割合
	対面型だけがよい	154	14.1%
	遠隔型だけがよい	258	23.6%
	ハイブリッド型（対面授業回と遠隔授業回のミックス）がよい	450	41.2%
	ハイフレックス型（同じ内容の授業を、オンラインでも対面でも受講できる形式）がよい	141	12.9%
	こだわりはない	45	4.1%
	この種類の科目を受けたことがない	26	2.4%
	その他	19	1.7%
	合計	1,093	100.0%
	「その他」と回答した方にお聞きします。あなたが希望する「講義科目」の授業形態について教えて下さい。	掲載略	
Q.33	2021年4月までに新型コロナウイルス感染症が収束した場合を想定した上で、今後の「演習科目」についての希望の授業形態を教えて下さい。	回答数	割合
	対面型だけがよい	281	25.7%
	遠隔型だけがよい	236	21.6%
	ハイブリッド型（対面授業回と遠隔授業回のミックス）がよい	354	32.4%
	ハイフレックス型（同じ内容の授業を、オンラインでも対面でも受講できる形式）がよい	118	10.8%
	こだわりはない	45	4.1%
	この種類の科目を受けたことがない	39	3.6%
	その他	20	1.8%
	合計	1,093	100.0%
	「その他」と回答した方にお聞きします。あなたが希望する「演習科目」の授業形態について教えて下さい。	掲載略	

Q.34	2021年4月までに新型コロナウイルス感染症が収束した場合を想定した上で、今後の「実験科目」についての希望の授業形態を教えて下さい。	回答数	割合
	対面型だけがよい	359	32.8%
	遠隔型だけがよい	211	19.3%
	ハイブリッド型（対面授業回と遠隔授業回のミックス）がよい	282	25.8%
	ハイフレックス型（同じ内容の授業を、オンラインでも対面でも受講できる形式）がよい	82	7.5%
	こだわりはない	48	4.4%
	この種類の科目を受けたことがない	98	9.0%
	その他	13	1.2%
	合計	1,093	100.0%
	「その他」と回答した方にお聞きします。あなたが希望する「実験科目」の授業形態について教えて下さい。	掲載略	
Q.35	2021年4月までに新型コロナウイルス感染症が収束した場合を想定した上で、今後の「実技科目」についての希望の授業形態を教えて下さい。	回答数	割合
	対面型だけがよい	389	35.6%
	遠隔型だけがよい	198	18.1%
	ハイブリッド型（対面授業回と遠隔授業回のミックス）がよい	281	25.7%
	ハイフレックス型（同じ内容の授業を、オンラインでも対面でも受講できる形式）がよい	83	7.6%
	こだわりはない	42	3.8%
	この種類の科目を受けたことがない	83	7.6%
	その他	17	1.6%
	合計	1,093	100.0%
	「その他」と回答した方にお聞きします。あなたが希望する「実技科目」の授業形態について教えて下さい。	掲載略	
Q.36	2021年4月までに新型コロナウイルス感染症が収束した場合を想定した上で、今後の「実習科目」についての希望の授業形態を教えて下さい。	回答数	割合
	対面型だけがよい	371	33.9%
	遠隔型だけがよい	201	18.4%
	ハイブリッド型（対面授業回と遠隔授業回のミックス）がよい	292	26.7%
	ハイフレックス型（同じ内容の授業を、オンラインでも対面でも受講できる形式）がよい	83	7.6%
	こだわりはない	45	4.1%
	この種類の科目を受けたことがない	85	7.8%
	その他	16	1.5%
	合計	1,093	100.0%
	「その他」と回答した方にお聞きします。あなたが希望する「実習科目」の授業形態について教えて下さい。	掲載略	
Q.37	2021年4月までに新型コロナウイルス感染症が収束した場合を想定した上で、今後の「ゼミ・研究室活動」についての希望の授業形態を教えて下さい。	回答数	割合
	対面型だけがよい	242	22.1%
	遠隔型だけがよい	224	20.5%
	ハイブリッド型（対面授業回と遠隔授業回のミックス）がよい	369	33.8%
	ハイフレックス型（同じ内容の授業を、オンラインでも対面でも受講できる形式）がよい	100	9.1%
	こだわりはない	58	5.3%
	この種類の科目を受けたことがない	90	8.2%
	その他	10	0.9%
	合計	1,093	100.0%
	「その他」と回答した方にお聞きします。あなたが希望する「ゼミ・研究室活動」の授業形態について教えて下さい。	掲載略	

Q.38	2021年4月までに新型コロナウイルス感染症が収束した場合を想定した上で、今後の「卒業研究・卒業制作」についての希望の授業形態を教えて下さい。	回答数	割合
	対面型だけがよい	216	19.8%
	遠隔型だけがよい	212	19.4%
	ハイブリッド型（対面授業回と遠隔授業回のミックス）がよい	373	34.1%
	ハイフレックス型（同じ内容の授業を、オンラインでも対面でも受講できる形式）がよい	98	9.0%
	こだわりはない	65	5.9%
	この種類の科目を受けたことがない	114	10.4%
	その他	15	1.4%
	合計	1,093	100.0%
	「その他」と回答した方にお聞きします。あなたが希望する「卒業研究・卒業制作」の授業形態について教えて下さい。	掲載略	
Q.39	2021年4月までに新型コロナウイルス感染症が収束した場合を想定した上で、今後の「インターンシップ」についての希望の授業形態を教えて下さい。	回答数	割合
	対面型だけがよい	244	22.3%
	遠隔型だけがよい	210	19.2%
	ハイブリッド型（対面授業回と遠隔授業回のミックス）がよい	344	31.5%
	ハイフレックス型（同じ内容の授業を、オンラインでも対面でも受講できる形式）がよい	89	8.1%
	こだわりはない	65	5.9%
	この種類の科目を受けたことがない	125	11.4%
	その他	16	1.5%
	合計	1,093	100.0%
	「その他」と回答した方にお聞きします。あなたが希望する「インターンシップ」の授業形態について教えて下さい。	掲載略	
Q.40	2021年4月までに新型コロナウイルス感染症が収束した場合を想定した上で、今後の「留学」についての希望の授業形態を教えて下さい。	回答数	割合
	対面型だけがよい	271	24.8%
	遠隔型だけがよい	188	17.2%
	ハイブリッド型（対面授業回と遠隔授業回のミックス）がよい	248	22.7%
	ハイフレックス型（同じ内容の授業を、オンラインでも対面でも受講できる形式）がよい	64	5.9%
	こだわりはない	87	8.0%
	この種類の科目を受けたことがない	224	20.5%
	その他	11	1.0%
	合計	1,093	100.0%
Q.41	「その他」と回答した方にお聞きします。あなたが希望する「留学」の授業形態について教えて下さい。	掲載略	
	オンライン授業の方が、他の学生との議論に積極的に参加することができると思う。	回答数	割合
	とてもそう思う	110	10.1%
	そう思う	294	26.9%
	どちらとも言えない	390	35.7%
	そう思わない	192	17.6%
	全くそう思わない	107	9.8%
	合計	1,093	100.0%

Q.42	対面での授業の方が、他の学生との議論に積極的に参加することができると思う。	回答数	割合
	とてもそう思う	178	16.3%
	そう思う	402	36.8%
	どちらとも言えない	369	33.8%
	そう思わない	91	8.3%
	全くそう思わない	53	4.8%
	合計	1,093	100.0%
Q.43	リアルタイムのオンライン授業内で課題などの発表を行う場合に、顔を出すことに抵抗感はない。	回答数	割合
	とてもそう思う	91	8.3%
	そう思う	310	28.4%
	どちらとも言えない	332	30.4%
	そう思わない	205	18.8%
	全くそう思わない	155	14.2%
	合計	1,093	100.0%
Q.44	リアルタイムのオンライン授業内で課題などの発表を行う場合に、名前を出すことに抵抗感はない。	回答数	割合
	とてもそう思う	126	11.5%
	そう思う	390	35.7%
	どちらとも言えない	354	32.4%
	そう思わない	135	12.4%
	全くそう思わない	88	8.1%
	合計	1,093	100.0%
Q.45	リアルタイムのオンライン授業で、顔と名前を出して他の学生と一緒に学ぶよりも、オンデマンド型（動画配信型）授業で、顔と名前を出さずに匿名で他の学生とオンライン上で一緒に学ぶ方が良い。	回答数	割合
	とてもそう思う	189	17.3%
	そう思う	382	34.9%
	どちらとも言えない	395	36.1%
	そう思わない	81	7.4%
	全くそう思わない	46	4.2%
	合計	1,093	100.0%
Q.46	私は所属する大学のコロナ対応全般に満足している。	回答数	割合
	とてもそう思う	103	9.4%
	そう思う	356	32.6%
	どちらとも言えない	376	34.4%
	そう思わない	147	13.4%
	全くそう思わない	111	10.2%
	合計	1,093	100.0%
Q.47	私は所属する大学の授業料に見合った教育を受けられている。	回答数	割合
	とてもそう思う	89	8.1%
	そう思う	293	26.8%
	どちらとも言えない	363	33.2%
	そう思わない	174	15.9%
	全くそう思わない	174	15.9%
	合計	1,093	100.0%

Q.48	私は所属する大学の施設設備費に見合ったキャンパスライフを過ごせている。	回答数	割合
	とてもそう思う	80	7.3%
	そう思う	269	24.6%
	どちらとも言えない	334	30.6%
	そう思わない	197	18.0%
	全くそう思わない	213	19.5%
	合計	1,093	100.0%
Q.49	所属する大学の教員はコロナ禍のオンライン授業等に対応できている。	回答数	割合
	とてもそう思う	92	8.4%
	そう思う	373	34.1%
	どちらとも言えない	393	36.0%
	そう思わない	139	12.7%
	全くそう思わない	96	8.8%
	合計	1,093	100.0%
Q.50	対面授業の割合は、国が決めるのではなく各大学が判断すればよい。	回答数	割合
	とてもそう思う	184	16.8%
	そう思う	403	36.9%
	どちらとも言えない	362	33.1%
	そう思わない	83	7.6%
	全くそう思わない	61	5.6%
	合計	1,093	100.0%
Q.51	私が所属する大学の授業料に関する説明は納得いくものである。	回答数	割合
	とてもそう思う	77	7.0%
	そう思う	284	26.0%
	どちらとも言えない	380	34.8%
	そう思わない	172	15.7%
	全くそう思わない	180	16.5%
	合計	1,093	100.0%
Q.52	私が所属する大学の施設設備費に関する説明は納得いくものである。	回答数	割合
	とてもそう思う	77	7.0%
	そう思う	280	25.6%
	どちらとも言えない	360	32.9%
	そう思わない	177	16.2%
	全くそう思わない	199	18.2%
	合計	1,093	100.0%
Q.53	コロナ禍期間中に、休学することを考えたことがある。	回答数	割合
	とてもあてはまる	80	7.3%
	あてはまる	244	22.3%
	どちらとも言えない	310	28.4%
	あてはまらない	160	14.6%
	全くあてはまらない	299	27.4%
	合計	1,093	100.0%

Q.54	コロナ禍期間中に、退学することを考えたことがある。	回答数	割合
	とてもあてはまる	63	5.8%
	あてはまる	220	20.1%
	どちらとも言えない	278	25.4%
	あてはまらない	152	13.9%
	全くあてはまらない	380	34.8%
	合計	1,093	100.0%
Q.55	コロナ禍の大学の授業を一言で言うとすると、どのような言葉で表現できますか？	掲載略	
Q.56	前問で表現した一言について、その一言で表現した理由や一言の意味について教えてください。	掲載略	

コロナ・ウェブ調査 都道府県別回答者数

網掛けは特定警戒都道府県（東京、神奈川、埼玉、千葉、大阪、兵庫、福岡、北海道、茨城、石川、岐阜、愛知、京都）

		北海道
		39
		3.6%

秋田	青森
0	4
0.0%	0.4%

山形	岩手
3	8
0.3%	0.7%

山口	島根	鳥取	京都	福井	石川	富山	新潟	宮城
10	1	4	36	2	10	11	11	15
0.9%	0.1%	0.4%	3.3%	0.2%	0.9%	1.0%	1.0%	1.4%

	広島	岡山	兵庫	滋賀	岐阜	長野	群馬	福島
	22	10	58	14	20	6	9	7
	2.0%	0.9%	4.8%	1.3%	1.8%	0.5%	0.8%	0.6%

長崎	佐賀	福岡		大阪	奈良	愛知	静岡	山梨	栃木
10	4	39		111	12	98	17	10	12
0.9%	0.4%	3.6%		10.2%	1.1%	9.0%	1.6%	0.9%	1.1%

熊本	大分
9	7
0.8%	0.6%

鹿児島	宮崎		愛媛	香川	和歌山	三重	埼玉	茨城
6	6		7	5	5	12	66	25
0.5%	0.5%		0.6%	0.5%	0.5%	1.1%	6.0%	2.3%

高知	徳島	神奈川	東京
3	5	73	184
0.3%	0.5%	6.7%	16.8%

沖縄		千葉
9		63
0.8%		5.8%

お わ り に

　本書は『文部科学教育通信』（ジアース教育新社）による連載「コロナ禍における大学生の声をきく―質的研究者たちの挑戦」をベースに，書籍として質量ともに充実させるために大幅に加筆されたものである。全体の章立ては，編著者代表の山田・上畠の間で調整をしたが，その内容については執筆者全体で共有の上で，つくり上げられた。

　なお本書の執筆過程を振り返ってみると，メンバー同士のやり取りはすべてオンライン上でなされ，プロジェクトの運営そのものも模索の中で続けられてきた。実際，本書刊行時点においても本プロジェクトは継続しており，いまだ一堂に直接会することなく，「コロナ禍で学生はどう学んでいたのか」をめぐる議論がなされている。本書の刊行を通じて，是非読者の皆様からの忌憚ないコメントや反応を多いに期待するとともに，関係者の皆様の協力も頂きながら，社会に対するよりよい提言へとつなげていきたい。

　その一方で，とりわけ，学生一人ひとりの学びに寄り添っていくことを主題に掲げながらも，例えば，障害のある人，留学生，マイノリティといった，キャンパスライフに支援と配慮の要する当事者の声について，今回掬うことは実際的にかなわなかった。本書の表紙のエイブルアート（障害のある人のアート）には，真に多様な声をききとれきれなかったという反省と，それを踏まえた今後の研究活動への思いが込められている。ここにささやかながら，編集・執筆に携わった者の意として記しておきたい。

　最後になってしまったが，本書の刊行に際し，まずは何よりインタビューに協力頂いた一人ひとりの学生の皆様に御礼申し上げたい。大学での学びの充実とともに，さらなる活躍を心から願っている。またプロジェクトに多大なご支援を賜った大学教育学会にここに深謝申し上げる。そしてこのたび，ジアース教育新社の中村憲正さんには，本書の刊行までのプロセスに親身なご支援を頂いた。このような機会を頂けたことについて，深く感謝している。

2021 年 9 月 21 日　編著者代表　山田嘉徳・上畠洋佑

執筆者一覧

山田嘉徳 ［やまだ　よしのり］【第1章，第11章】

大阪産業大学全学教育機構　准教授・学長補佐
専門は教育心理学・学習研究。関西大学教育推進部特任助教，大阪産業大学学部学科再編準
備室講師，大阪産業大学全学教育機構講師・准教授を経て，2021年より現職。関西大学大学
院心理学研究科心理学専攻博士課程後期課程を修了。博士（心理学）。主要論文に『ペア制
度を用いた大学ゼミにおける文化的実践の継承過程』（教育心理学研究，第60巻第1号，
2012年），著書に『その問いは誰のものか―先住民の科学・西洋科学・科学教育―』(翻訳，
ナカニシヤ出版，2021年)，『大学卒業研究ゼミの質的研究―先輩・後輩関係がつくる学びの
文化への状況的学習論からのアプローチ―』（単著，ナカニシヤ出版，2019年）などがある。

上畠洋佑 ［うえはた　ようすけ］【第2章，第7章，第12章，第13章】

桐蔭横浜大学教育研究開発機構　准教授
専門は高等教育論。金沢大学国際基幹教育院特任助教,愛媛大学教育・学生支援機構特任助教,
新潟大学教育・学生支援機構准教授を経て2021年より現職。早稲田大学大学院文学研究科
教育学コース博士後期課程満期退学。修士（教育学）。主要論文に『日本の私立看護系大学
に関する研究―文部科学省政策に着目した私立看護系大学増加要因分析の知見と限界―』（早
稲田大学大学院文学研究科紀要，第62輯，2016年），著書に『看護教育実践シリーズ1　学
習と教育の原理』（分担執筆，医学書院，2020年）などがある。

服部憲児 ［はっとり　けんじ］【第3章】

京都大学大学院教育学研究科　准教授
専門は教育行政学・教育政策学。広島大学大学教育研究センター助手，宮崎大学教育文化学
部助教授，大阪教育大学教育学部准教授，大阪大学全学教育推進機構准教授を経て2013年
より現職。京都大学大学院教育学研究科教育方法学専攻博士後期課程退学。博士（教育学）。
主要論文に『学生・教職員交流型イベントのFD機能に関する研究―大阪大学における「ひ
とこといちば」の取り組みを題材として―』（大学教育学会誌，第40巻第1号，2018年），
著書『フランスCNEによる大学評価の研究』（単著，大阪大学出版会，2012年），『教育行政
提要（平成版）』（共編著，協同出版，2016年）などがある。

山路茜 ［やまじ　あかね］【第4章，第6章】

岩手大学教育学部学校教育科　准教授
専門は教育心理学，教育方法学。立教大学大学教育開発・支援センター助教を経て2021年
10月より現職。東京大学大学院教育学研究科学校教育高度化専攻博士課程満期退学。博士(教
育学)。第79号（2017）日本教育心理学会城戸奨励賞受賞。主要論文に『中学校の数学授業
における一生徒の文字式理解プロセスの質的研究―聴くことと援助要請に着目して―』（教
育心理学研究，第65巻第3号，2017年），著書に『中学校数学科の授業における相互作用プ
ロセス―援助要請を視点として―』（単著，風間書房，2019年），『これからの質的研究法 :15
の事例にみる学校教育実践研究』（分担執筆，東京図書，2020年）などがある。

西野毅朗 ［にしの　たけろう］【第 5 章】

京都橘大学経営学部経営学科　専任講師
専門は教育学（高等教育論，高等教育開発）。同志社大学大学院社会学研究科博士後期課程修了。博士（教育文化学）。2016 年より京都橘大学現代ビジネス学部経営学科専任講師として着任。2021 年より現職。主な共著書として『アクティブラーニング』（分担執筆，玉川大学出版部，2015 年），『大学の FD　Q&A』（分担執筆，玉川大学出版部，2016 年），『研究指導』（分担執筆，玉川大学出版部，2018 年），『アクティブラーニングの活用』（分担執筆，医学書院，2018 年）などがある。

山咲博昭 ［やまさき　ひろあき】【第 8 章】

広島市立大学企画室　特任助教
専門は高等教育論。学校法人関西大学専任事務職員を経て，2019 年より現職。桜美林大学大学院大学アドミニストレーション研究科修士課程を修了。修士（大学アドミニストレーション）。主要論文に『大学職員はどのようにして自発的な能力開発に踏み込むのか？：その「きっかけ」に着目して』（大学行政管理学会誌，第 22 号，2018）などがある。

谷美奈 ［たに　みな］【第 9 章，第 10 章】

帝塚山大学全学教育開発センター　准教授
専門は教育学，表現教育，大学教育学。日仏にてデザイナー，フランス国立国際商業高等専門大学 (L'ESCI)，フランス国立情報通信高等専門大学（L'ESIGETEL）（グランゼコール），京都精華大学などの教員を経て，現職。京都大学大学院教育学研究科博士後期課程指導認定退学。博士（教育学）。第 13 回（2017）大学教育学会奨励賞受賞。主要論文に，『パーソナル・ライティングからアカデミック・ライティングへのジャンル横断的思考変容のプロセスモデル― Personal Writing vs. Academic Writing 論争からの新たな展望に向けて―』（大学教育学会誌第 43 巻第 1 号，2021 年），著書に，『「書く」ことによる学生の自己形成――文章表現「パーソナル・ライティング」を通して』（単著，東信堂，2021 年）などがある。

森朋子 ［もり　ともこ】【第 14 章】

桐蔭横浜大学教育研究開発機構　教授・副学長
専門は学習研究・学習理論。慶應義塾大学外国語教育センター上席研究員，島根大学教育開発センター准教授，関西大学教育推進部准教授・教授を経て 2020 年より現職。大阪大学言語文化研究科博士後期課程を修了。博士（言語文化学）。主要論文に「初年次における協調学習のエスノグラフィー」（『日本教育工学会論文誌』33(1), 31-40, 2009 年），『アクティブラーニング型授業としての反転授業』（編者，ナカニシヤ出版，2017 年），The Flipped Classroom: An Instructional Framework for Promotion of Active Learning, Deep Active Learning, Springer, 2018 などがある。

表紙イラスト・富丸風香 ［とみまる　ふうか］
1990 年生まれ，奈良県在住。2009 年よりたんぽぽの家で活動を始める。自由な発想と独自の感性で，様々な物や素材を「自分流」に染め上げていく。木材や筒を生き物に変身させたり，ユニークで不思議な物語を雑誌や新聞の上に記したり，石膏像をハロウィン風の銅像にしてみたり。この「自分流」はスタッフとのコミュニケーションにも垣間見える。机の資料にメモや落書きを残したり，スタッフの背中にイラストを貼り付け楽しんだりなど，暮らしの中の様々なものがユーモアの溢れる作品となる。

コロナ禍で学生はどう学んでいたのか
――質的研究によって明らかになった実態

令和 3 年 10 月 4 日　第 1 版第 1 刷発行

編　著　大学教育学会　課題研究
　　　　「大学教育における質的研究の可能性」グループ
発行人　加藤　勝博
発行所　株式会社ジアース教育新社
　　　　〒 101-0054
　　　　東京都千代田区神田錦町 1-23　宗保第 2 ビル
　　　　TEL　03-5282-7183
　　　　FAX　03-5282-7892
　　　　URL　https://www.kyoikushinsha.co.jp/

DTP　株式会社創新社
デザイン協力　土屋図形株式会社
ISBN 978-4-86371-599-8 C3037
○定価はカバーに表示してあります。
Printed in Japan